아트만두의

목표는
방구다
防 口

아트만두의

목표는

풍자 뇌피셜 콜렉션

방구다
防　　口

글·캐리커처 | 아트만두

한길사

일러두기

*『아트만두의 목표는 방구(防口)다』에 실린 모든 캐리커처와 글은
 아트만두의 풍자와 해학을 바탕으로 한 '뇌피셜'이다.

대한민국 최초 시사 캐리커처 모음집을 내면서

• 프롤로그

"선배, 여기로 보내주세요."

2018년 11월 30일, 이광연 앵커에게서 연락이 왔다. YTN 저녁 종합 뉴스 프로그램 「뉴스Q」에 내보낼 시사 캐리커처를 이메일로 보내달라는 요청이었다. 그로부터 사흘 뒤인 12월 3일, 「뉴스Q」 2부 마지막 코너 '뉴스 큐레이션'에서 '임종헌 전 법원행정처 차장 구속'을 풍자한 나의 캐리커처가 흘러 나왔다. 방송을 통해 시사 캐리커처 작가 아트만두가 공식적으로 데뷔하는 감격스러운 순간이었다.

'시사만평'이 방송사의 정식 프로그램으로 편성된 것은 1998년으로 거슬러 올라간다. 『한겨레』 시사만화가 박재동 화백의 작품을 애니메이션으로 제작한 MBC 「박재동의 TV만평」주말 뉴스테스크, 1998년 8월을 시작으로, 「정치야 맛 좀 볼텨」MBC 굿모닝 코리아, 뉴스데스크, KBS2 시사버지 코미디파일, 1998년 4월~ 1999년 12월가, 2017년에는 『시사IN』 양한모 작가의 「캐리돌 뉴스」2017년 3월~5월, 10부작가 SBS 계열사를 통해 방송되었다. 하지만 딱 거기까지. 참신한 시도였지만 방송용 시사만평은 숱한 난관에 부딪히면서 그 모습을 감췄다. 그로부터 4년이 지난 2020년 11월, 뉴스 전문채널 YTN이 매주 금요일 밤 11시에 방송되는 시사토크 「알고리즘」(진행 이경재 기자)을 통해 '아트만두의 시사 캐리커처'를 내보내기 시작했다. 비록 단독 편성은 아니지만 고정적으로 시사만평을 내보내고 있는 곳은 현재 YTN이 유일하다.

내가 시사 캐리커처 작가로 변신한 계기는 2018년 초에 있었던 파업 때문이었다. 수년간 이어져온 이명박·박근혜 정부의 무자비한 언론 탄압에 맞서 투쟁과 파업을 반복하던 공영방송사들이 대부분 정상화 수순에 들어가고 있었지만, 여전히 YTN 사측과 전국언론노동조합 YTN 지부는 전년도에 취임한 사장의 퇴진을 놓고 팽팽히 맞서고 있었다. 결국 노조는 그해 2월 1일 아침을 기해 파업에 전격 돌입했다.

당시 나는 노조원이면서도 시청자센터의 홍보팀 소속으로 회사의 홍보를 담당하고 있었다. 노조는 회사와 대치하고 있었지만, 나는 사측인 나와 노조원인 내가 파업 참가를 두고 셀프 대치를 하는 딜레마에 빠졌다. 그런데 우연히 엘리베이터에서 마주친 모 선배가 그 고민을 단 한방에 정리해줬다. 알 듯 말 듯한 미소를 지으며 그가 내게 말했다.

"예전에는 파업에도 참가하고 그랬던 것 같은데 홍보팀에 있어서 그런가? 이젠 파업 안 하네?"

그길로 사무실에 들어간 나는 팀장에게 말했다.

"저 지금부터 파업 참여합니다."

나는 곧바로 회사 로비로 내려가 파업 대열에 합류했다.

며칠 뒤 뒤집힌 YTN 취재차량 위에 드러누운 사장의 모습을 풍자한 캐리커처를 내 페이스북에 올렸다. 다음 날 아침, 농성장의 커다란 스크린에 그 캐리커처가 등장했다. 디자인센터의 서영석 선배에게 카톡으로 보냈던 것인데 그가 노조 집행부에 전달한 것이다. 캐리커처에 대한 동료들의 반응이 나쁘지 않았고 그 사실에 한껏 고무된 나는, 예전부터 구상하고 있었지만 엄두를 내지 못하고 있던 캐리커처를 페이스북에 올려보기로 했다. 홍준표·장제원·김성태 의원과 같은 강성 보수 정치인들의 캐리커처였다. 순식간에 100개가 넘는 '좋아요'가 달렸다. 유령계정에 가까웠던 나의 페이스북이 그야말로 '캐리커처 맛집'이 된 것이다. 그날 이후로 나는 '아트만두'라는 필명으로 꾸준히 페이스북 계정에 캐리커처를 올렸고, 그 유명한 『딴지일보』에도 진출해 수개월간 연재했다.

그러던 중 계열사인 YTN PLUS로부터 YTN 홈페이지에 아트만두 전용 코너를 개설해주겠다는 제안을 받아 「시사 캐리커처 아트만두의 인간 대백과사전」을 연재하기 시작했다. 또다시 얼마 지나지 않아 당시 「뉴스Q」의 편집팀장에게서 연락이 왔다.

"우리 뉴스에서 아트만두의 캐리커처를 써보려고 하는데 어때? 생각

있어?"

Why Not?

"저야 당연히 영광이고 완전 감사한 일이지요."

2020년 겨울, 뉴스제작국의 제작2팀으로 부서를 옮겼다. 회사에서 나의 전문성을 인정해 시사 캐리커처를 방송에 활용할 수 있도록 인사 발령을 내준 것이다. 물론 신문사가 아니다 보니 '시사만화가'라는 보직을 받은 것은 아니지만 다른 업무를 보면서 틈틈이 캐리커처를 만들어오던 것과 비교하면 엄청난 변화가 생긴 것이다. 나름대로 의미를 부여하자면, 신문과 잡지 등을 통해 Editorial Cartoon Cariculture라는 장르로 많은 작가가 활동하고 있는 외국과 달리, 한국에는 정치적 이슈만을 집중적으로 다루는 '시사' 캐리커처 작가가 없었는데 YTN 덕에 한국도 정식 시사 캐리커처 작가를 배출하게 되었다는 점이다. 현재 나의 캐리커처는 시사토크 「알고리줌」(매주 금요일 밤 11시 방송)에서 볼 수 있는데 YTN도, 나도 처음 시도하는 것이다 보니 캐리커처의 인물 선정이나 표현의 수위 조절 때문에 애를 먹을 때가 종종 있다. 의도한 것은 아니지만 캐리커처의 대상이 보수 야당이나 정치검찰과 같은 기득권 세력에 몰려 있어서 PD들이 난처해하면, '공정'과 '상식'에 입각해 여당 쪽 인사들도 최대한 '공평'하게 다루려고 노력한다. 물론 그게 생각처럼 쉽지는 않다.

책 제목 『아트만두의 목표는 방구防口다』는 본문의 목차 중에서 발췌한 것이다. 막을 방防, 입 구口. 즉 입을 틀어막는다는 의미다. 진실을 은폐·왜곡하며 사람들의 눈과 귀를 가리고 아무런 말도 하지 못하도록 수단과 방법을 가리지 않는 적폐 기득권, 이른바 정치검찰과 거대 언론들의 목표가 바로 그것 아니겠는가? 이 책은 나의 페이스북 계정과 YTN 홈페이지 「아트만두의 인간대백과사전」, 네이버 「오늘의 만평」, 그리고 방송 「알고리줌」 등을 통해 소개된 작품 중 120점을 선별한 캐리커처 모음집이다. 그동안 큰 이슈가 됐던 정치인, 고위직 공무원, 재벌, 종교인 등은 물론이고, 각계각층에서 의미 있는 활약을 펼쳐온 다양한 분야의 인물들이 골고루 수록되어 있다.

고백하자면 이 책은 훨씬 일찍 출간될 수도 있었다. 하지만 이제야 나오게 된 이유는 어디까지나 턱없이 부족한 나의 글솜씨 때문이다. 전능하면서도 공평하신 신께서는 나에게 글까지 잘 쓰는 능력을 주시지 않았던 것이다. 출판사에서는 캐리커처 옆에 독자들의 이해를 돕기 위한 글을 실어주길 원했다. 캐리커처와 관련된 기사들을 대충 간추려서 쓰면 될 거라는 막연한 생각에 단 한 번도 검증된 적이 없는 나의 필력을 과신했던 나는 그 제안을 덜컥 받아들였는데 그게 얼마나 말도 안 되는 판단이었는지 금세 깨달았다. 문체가 너무 건조해서 우스꽝스러운 캐리커처와 완전히 따로 놀았고, 무엇보다도 내가 읽어봐도 재미있는 구석이 하나도 없었던 것이다. 결국 초반에 썼던 글들을 모두 버리고 '나'다운 글로 처음부터 다시 써내려가기 시작했다. 그렇게 해서 겨우 1차 원고를 한 길사에 보냈고, 편집주간님으로부터 캐리커처보다 글이 더 낫다는 칭찬 아닌 칭찬을 듣고 나서야 마음을 놓았다. 그런데 거기서 끝이 아니었다. 수도 없이 솎아냈지만 다시 열어보면 무한 증식하는 바이러스처럼 오탈자가 끝도 없이 쏟아져 나왔다. '교열'이라는 것이 치우고 뒤돌아서면 또 쌓이는 마당의 '낙엽'과 같다는 말을 제대로 실감했다. 캐리커처에 대한 설명을 최대한 덜어내다 보니 다소 불친절한 책이 됐지만 대신 보는 재미는 한결 나아졌으리라 생각한다.

물론 여전히 마음에 안 드는 글들이 눈에 밟힌다. 혹시 몰라 내 페이스북에 캐리커처를 업로드한 날짜를 병기했으니 캐리커처와 관련된 기사가 궁금하다면 번거롭겠지만 나의 페이스북(https://www.facebook.com/salartist)에 방문하셔서 해당 날짜의 캐리커처에 링크되어 있는 기사를 보아주시면 감사하겠다.

책을 보는 순서는 무시해도 된다. 줄거리 따위는 없기 때문이다. 장소와 시간, 페이지에 구애받지 않고 마음껏 펼쳐 보시면 된다. 이 책은 입만 열면 '공정'과 '상식'을 주장하지만 실상 그런 것들과는 지구에서 해왕성만큼이나 거리가 먼 자들을 풍자했다. 작은 바람이 있다면 추운 겨울 서초동에서, 광화문에서 함께 촛불을 들었던 시민들이 이 책을 보면서

낄낄대면 좋겠다. 그러면서 그들의 '민낯'을 확인하고, 함부로 '삘짓'을 하지 못하도록 감시할 수 있다면, 그래서 그들의 '망동'에 시민의 이름으로 제동을 걸 수 있다면 그보다 큰 기쁨이 어디 있겠는가?

언젠가는 반드시 책으로 엮고 싶었다. 그동안 몇몇 출판사에서 제의를 받기도 했지만 이런저런 이유로 매번 무산되는 바람에 이승에서 책과는 인연이 없을 거라고 생각했다. 그런데 거짓말 같은 일이 벌어졌다. 평소 『조국의 시간』 259페이지(해당 페이지에 아트만두가 무려 두 차례 언급됨)를 259만 번 읽었다고 농담처럼 떠들었는데 그 책을 낸 출판사에서 동아줄을 내려준 것이다. 『조국의 시간』을 출간한 바로 그 한길사에서 말이다.

이 책을 내는 데 큰 결단을 내려주신 한길사 김언호 대표님께 진심으로 감사의 말씀을 전한다. 계약서에 서명한 후 허둥대느라 수차례 마감 약속을 지키지 못한 나를 무한한 인내심으로 기다려주시고 책이 마무리되는 순간까지 든든한 힘이 되어주신 백은숙 편집주간님과 한길사의 실무진 분들께 감사드린다. 불자는 아니지만 '시절인연'時節因緣이라는 용어처럼 소중한 인연은 다 때가 있다는 것을 새삼 느낀다.

뒤늦게 시사만화가의 길로 들어선 나에게 언제나 아낌없는 격려와 용기를 북돋아주시는 한국 시사만화의 대부 박재동 선생님께 존경과 감사의 마음을 전한다. 시사 캐리커처 작가로서의 자질이 있는지 스스로 확신을 갖지 못할 때 나의 작업을 진심으로 좋아해주고 응원해준 YTN 노종면 선배를 비롯한 동료들에게 특별히 고마움을 전한다. 고경일·장규순·정지영·민경철 등 많은 친구들의 지지도 큰 힘이 되었다. 이 책에 미처 캐리커처를 넣지 못했지만 늘 아껴주시는 박복신 회장님, 장길웅 회장님, 김정범 변호사님, 안재홍 대표님께도 감사드린다.

사랑하지만 사춘기에 접어든 아들 은후와 아직은 눈에 넣어도 아프지 않을 것 같은 딸 리안이, 그리고 이 아이들의 엄마이자 아내인 문정아에 대한 고마움을 결코 빼놓을 수 없다. 4년째 캐나다로 가 있어준 덕에 주말에도 집필에 집중할 수 있었으니 그 감사함을 어찌 말로 다 표현할 수 있겠는가. 그 공이 참으로 크다.

가끔 시사 캐리커처를 한 것을 후회할 때도 있다. 하지만 20년 넘게 시사만화를 그려온 전국시사만화협회의 선배 작가들에 비하면 이제 겨우 걸음마를 뗐을 뿐인 내가 벌써부터 엄살을 피울 수는 없는 노릇이다. 그들에게도 감사드린다. 첫 책이 나온다는 기쁨에 감사의 말을 전하다 보니 마치 내가 칸 국제영화제에서 대상을 수상한 영화감독이라도 된 것처럼 거창해져 버렸다. 이해해주시리라 생각한다.

끝으로 반드시 짚고 넘어가야 할 자들이 있다. 내가 대한민국 최초의 시사 캐리커처 모음집을 내는 데 별다른 창작의 고통 없이 시사 캐리커처 작가로 활동을 이어올 수 있도록 끊임없이 영감을 불어넣어 주고, 특급 호텔의 조식 뷔페처럼 신선하고 황당한 소재를 매일같이 공급해준 이 땅의 모든 빌런들이 바로 그들이다. 만약 한국이 아시아를 대표하는 시사만화의 성지가 된다면 모두 그들 덕분이다. 『코스모스』의 저자 칼 세이건이 시사만화가로 다시 태어나서 그들을 만난다면 아마도 그는 이런 말을 해줄 것 같다.

"광활한 지구, 유한한 시간, 이 대한민국에서
그대들과 같은 시간,
같은 하늘 아래
살아가는 것을
운명의 장난으로 받아들이며."

2022년 코로나 팬데믹의 한복판에서
아트만두

차례

1
사라질
기억

2
나는
네가 한 일을
알고 있다

3
길들인
거북이는
개구리보다
빠르다

4
그래서
희망이
있다

1

사라질
기억

사격 준비!
너는 쏘기만 해. 그다음엔 내가 다 알아서 할게!

누구나
그럴싸한 계획이 있다.
처맞기 전까지는.

– 마이크 타이슨

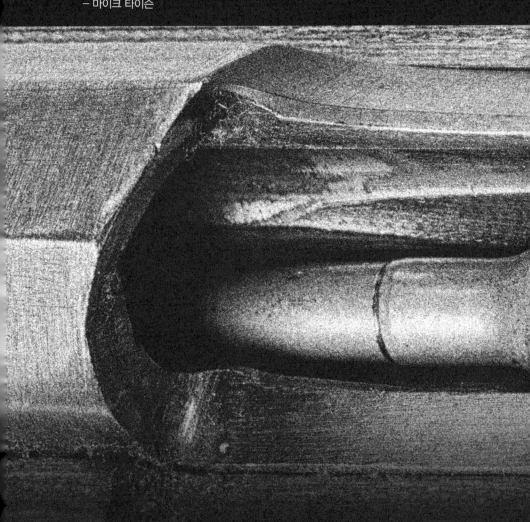

누구나
그럴싸한 전략이 있다.
들통나기 전까지는.

– 작자 미상 | 2021. 9. 2

브라더스
우리는 깐부잖아

"통화 괜찮아? 형이 지금부터 하는 얘기 잘 들어봐.

일본 닛코日光에 가면 도쿠가와 이에야스를 모신

도쇼구東照宮라는 유명한 신사가 있어.

그 안에 들어가면 신큐사神厩舍라는 작은 건물이 나오는데

그 지붕 밑에 '산자루'三猿(삽자루 아니다)라는

세 마리 원숭이 조각상이 있어.

눈을 가린 놈은 見ざる미자루. 보지 말라는 뜻이지.

귀를 가린 놈은 聞かざる기카자루. 듣지 말라는 뜻이고.

입을 가린 놈은 言わざる이와자루. 말하지 말라는 뜻이야.

공자님께서 제자 안연한테 하신 말씀을 형상화한 거야.

非禮勿視비례물시 예가 아니면 보지 말고,

非禮勿聽비례물청 예가 아니면 듣지 말며,

非禮勿言비례물언 예가 아니면 말하지 마라.

너도 공부 좀 했을 테니까 들어는 봤지?

영어로 See no evil, Hear no evil, Speak no evil. 유 노?

그런데 말이야… 다 알 필요는 없고 이것만 명심해.

非禮勿言비례물언

형이 무슨 말 하는지 알지?

원숭이도 알아듣는데

너도 그 정도는 알아듣겠지 뭐.

근데 형 말 듣고 있는 거니?"

신원불상자·신원미상자 | 2020. 7. 23 ▶

포스트맨

평범한 포스트맨은 벨을 두 번 울리고,
똑똑한 포스트맨은 소리가 안 들리게 벨을 울린다

자신의 오른팔과 다름없는 행동대장 S를 방으로 부른 서초파 보스 Y.
나지막한, 하지만 권위가 듬뿍 실린 목소리로 말한다.
"야, 우리 둘이 있을 때는 그냥 편하게 앉아.
내가 내년에 전국구 보스에 도전하는 거 알지? 근데 그 자식들이
설치는 통에 우리 집안 식구들이 요즘 아주 골치가 아파."
나무의자에 꼿꼿이 등을 붙인 채 앉아 있던 S가 대답한다.
"형님, 솔직히 서운하네요. 아우들 뒀다 뭐하시게요?
형님이랑 형수님은 그냥 아무 걱정 마시고 내년 보스 취임식 때
뭐 입고 나가실 건지 그것만 생각하세요."
"네가 그렇게 말해주니까 마음이 좀 놓이네.
근데 말이 그렇다는 거니까 괜히 나 생각한답시고 너희들이 나서서
고발장 같은 거 대신 써주고 그러지 마. 알지?
난 분명히 말했다. 그럼 나가봐."
방을 빠져 나온 행동대장 S는 속으로 중얼거렸다.
'유가, 최가, 황가, 그리고 뭐 X? 이 자식들하고 함부로
펜대 굴리는 자식들 몇 놈만 손보면 나는 곧바로 2인자가 되는 거야.
아참, 내가 지금 이러고 있을 때가 아니지?'
뭔가 떠올랐다는 듯 왼쪽 안주머니에 있는 대포폰을 꺼낸 S는
어디론가 허겁지겁 전화를 건다.
"K? 당장 텔레그램 가동시켜. 내가 보내는 거 잘 전달하고."
K는 이런 일이 일어날 것에 대비해 미리 위장 회사에 심어둔
작전명 '무간도 프로젝트'의 핵심 조직원이었다.

김웅 미래통합당 서울 송파구갑 후보·윤석열 검찰총장 | 2021. 9. 2 ▶

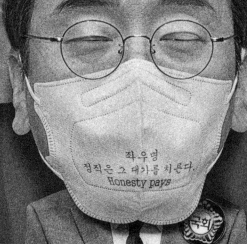

고발장

- **피고발인**: 유시민, 최강욱, 황희석,
  나쁜 기자들, 제보자X 등
- **피해자**: 윤석열, 김건희, 한동훈

어차피 기억 안날 꺼
미리 기억 안나는게 잘못이야?

🍎🍎🍎🍎🍎

로튼 애플 '부패도 지수' 사상 최고 점수를 기록한 올해의 영화!!!
한국 영화 사상 최초 무기한 상영 돌입!!!
극장문을 나오는 순간 영화를 본 기억이 사라진다!!! – 극장주 Y
기억을 지우려는 사람들이라면 꼭 봐야 할 영화!!! – 매표원 S

좌우명
정직은 그 대가를 치른다.
Honesty pays

"암기력 좋다고 기억력도 좋은 건 아니잖아요?"
"받았지만 본 기억이 없고
줬지만 준 기억이 없어요"

사라질 기억

기억날 때까지 무기한 상영

사라질 기억
우리, 기억 안 나기로 해요

오직 메이저 언론만을 신뢰하시는 보스께서
요즘 심기가 많이 불편하시다. '뉴스버스'라는, 운수업으로 위장한
인터넷 언론사가 나타나 가짜 뉴스를 퍼뜨리고 다니기 때문이다.
내용인즉슨 보스의 심복인 S가 나한테 보스와 사모님,
그리고 사모님의 엄마를 괴롭히는 일당들을 고발하는
괴문서를 보냈고, 그걸 내가 위장 취업한 조직에 전달해
대신 고발하라며 사주했다는 것이다.
나라면 소설을 써도 그렇게는 안 쓸 것이다.
벌써 일 년도 지난 일을 이제 와서 꺼내든 것을 보니
우리 보스가 진짜로 전국을 평정할까봐 겁이 나긴 나는가 보다.
오늘 꼭두새벽에 보스에게 전화가 왔다.
"내가 너희들한테 그런 거 하라고 시킨 적 있어?"
"형님, 그럴 리가 있나요? 저희는 그저 형님과 형님 가족들의
안위만을 걱정할 뿐입니다. 그리고 저희들도
아주 오래전 일이라서 기억이 하나도 안 나요."
"그렇지? 확실하지? 아무리 생각해도 말이야, 내가 너희들한테
고발장 써서 들키지 않게 잘 전달하라고 시킨 기억이 없거든?
혹시 말이야, 어디서 전화 오면 그냥 솔직하게 딱 잡아떼.
기억 안 난다고. 우리 형님은 그럴 분이 아니라고.
근데 내가 너 자는데 방해한 거 아니지?
아무튼 지난 일은 싹 다 지우고 마저 푹 자."

◀ 김웅 국민의힘 의원 | 2021. 11. 4

석별의 정

오랫동안 길들였던 정든 내 아우들이여
작별이란 웬 말인가

의욕이 지나치면 늘 탈이 나는 법이라고
이 형이 말했지?
아무튼 수고하고 짐 졌던 아우들아,
그동안 이 형 밑에서 고생했다.
비록 너희들은 가고 없지만,
너희가 보여준 헌신과 노력은
영원히 비밀로 간직할게.

윤석열 국민의힘 대선 후보 · 전 검찰총장 | 2021. 9. 10 ▶

다음 주인은...

맞짱

사활을 건 개봉

화천대유 게임
50억이 뭐대유?

눈만 마주쳐도 날아가는 새들이 떨어진다는 아빠 밑에서 자라난 '곽'군.
여느 때와 같이 조기축구를 하던 그는 아빠 손에 이끌려 영문도 모른 채
'화천대유'라는 이름의 리얼리티 게임 회사에 들어간다.
그곳에는 막대한 판돈이 걸린 게임에 참가하기 위해
판검사 출신의 고위 공직자와 변호사, 태어나기 전부터 그들과
형동생 먹었을 것 같은 기자, 귀신같이 돈맥을 읽는
지역 공무원 등등이 일찌감치 도착해 있었다. 그들은 나이 어린
'곽'군에게 접근해서 함께 편을 먹자고 제안한다.
하지만 그들은 모두 한패, 즉 '깐부'였고 그 사실을 모르는
순진한 '곽'군은 그들의 계략에 빠져 '돈' 놓고 '돈' 먹는 게임에
뛰어든다. 난생처음 해보는 '문화재 비껴가기 게임'과 '멸종 위기종
찾기 게임'도, 이명과 어지럼증을 이겨내는 것보다는 수월했지만
평소 조기축구로 단련된 그는 아빠의 기를 받아 무려 6년을 악착같이
버티더니 끝내 거금 50억 원을 거머쥐게 된다.
사실 '곽'군이 부루마불 게임에서 단 한 번도 져본 적이 없는 천재
플레이어였다는 것이 뒤늦게 알려지자 참가자들은 본부로 몰려가
거세게 항의하고, 그때까지 모습을 감추고 있던 '곽'군의 아빠가
나타나 자신이 모든 책임을 지겠다며 스스로를 로그아웃 해버린다.
한편, 단 한 푼의 '개평'도 건지지 못한 채 가까스로 살아남은
참가자들은 연합전선을 구축해 '곽'군에게 재도전장을 내민다.
과연 '곽'군과 사라진 '곽'군 아빠는 그 도전을 받아들일 것인가?

곽상도 전 국민의힘 의원 | 2021. 9. 26 ▶

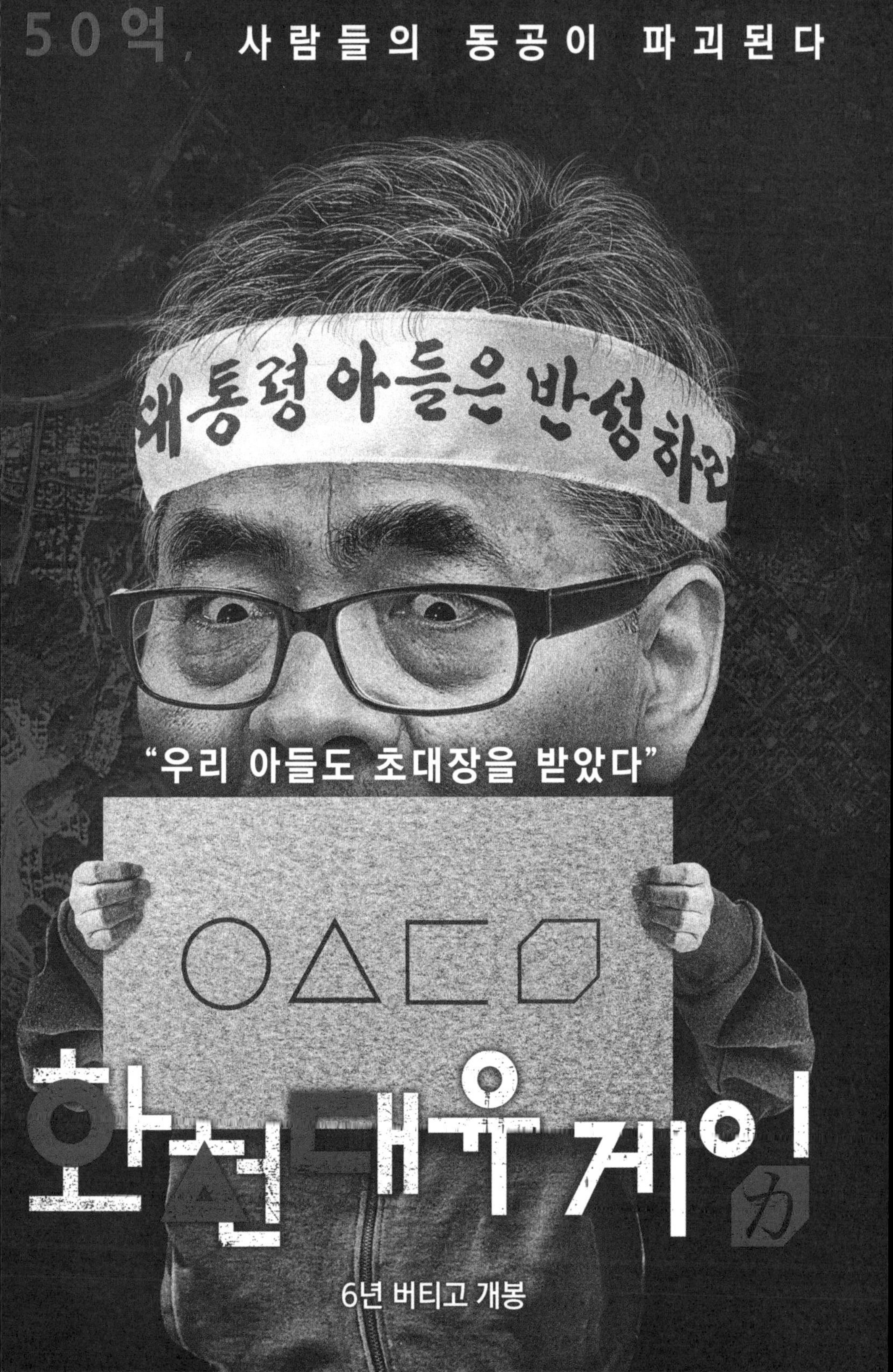
50억, 사람들의 동공이 파괴된다
대통령 아들은 반성하라
“우리 아들도 초대장을 받았다”
화천대유 게임
6년 버티고 개봉

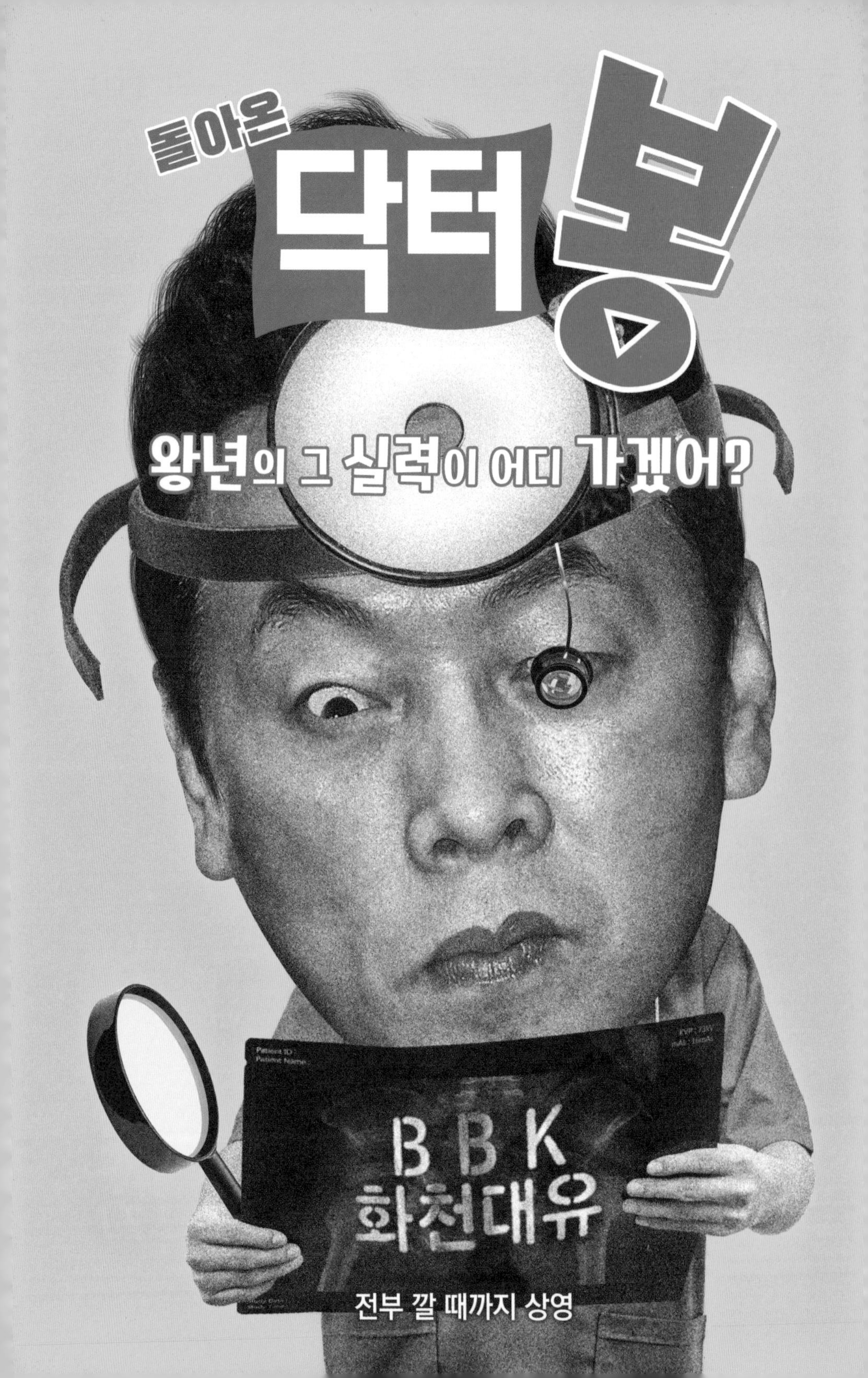

돌아온
닥터 봉
왕년의 그 실력이 어디 가겠어?
BBK
화천대유
전부 깔 때까지 상영

돌아온 닥터 봉

약은 약사에게, 검증은 닥터 봉에게

땅문서는 있는데 자기가 주인인지 모르겠다구요?
자물쇠로 잠갔는데 집안 곳간이 남아나질 않는다구요?
돌아온 닥터 봉은
땅문서만 보고도 당신이 주인인지 알아내고
곳간 털이범이 드나드는 쥐구멍만
콕 짚어서 찾아드립니다.
믿고 맡겨주세요.
돌아온 닥터 봉이
확실하게 책임져 드리겠습니다.

◀ 정봉주 전 열린민주당 의원 | 2021. 10. 29

위인 윤석열
위대한 지도자에게 영광 있으라!

한결같은 믿음과 무한한 사랑으로
대한민국 검사들을 거느리고 계시는
우리의 역대급 지도자,
윤석열 총장님께서
오늘 아침 새해를 맞아 국립서울현충원을 방문하시어
참배를 하시고,
조국에 헌신하신 선열의 뜻을 받들어
국민의 검찰을 만들겠다고
손수 방명록을 쓰시었습니다.
그러고는 곧바로
허름한 순댓국집을 방문하시어
친히 운전기사와 나란히 앉아 말없이 순댓국을
드시었습니다.
자나 깨나, 눈이 오나 비가 오나,
오직 국민들만 바라보고
자유민주주의를 수호하는 국민의 검찰로
대한민국의 새 지평선을 여신
새 시대의 희망,
윤석열 총장님의 만수무강을 기원합니다.

◀ 윤석열 검찰총장 | 2021. 11. 5

아부의 왕

"딸랑딸랑"

아부는
전략적인 칭찬,
즉 특별한 목적을 추구하는 수단으로서의 칭찬이다
- 리처드 스텐절, 『아부의 기술』

권영진 대구광역시장 | 2020. 3. 4 ▶

"황금보다 값진 혀놀림!"
아무도 그를 따를 자 없다!
대한민국 검찰 만세!
윤석열 총장님 만세!
윤석열 대통령
니가 왜 거기서 나와
DAEGU
나는 사람에게 충성할 뿐
조직에 충서 지 않는다!
아부의 왕
싹싹 개봉

사과의 향
사과 의향 있답니다

제 경력에 무슨 문제라도 있나요?
부분적으로는 모르겠지만
전체적으로 허위는 아니거든요?
그런데 처벌을 받으라고요?
공소시효 지났으니까 사과라도 하라고요?
세상에 털어서 먼지 안 나는 사람 있나요?
약자인 여성한테 정말 너무들 하시네요.
그저 살짝 돋보이려고 한 욕심일 뿐인데.
아이고 뒷목이야.
그래요. 사과할 의향 있어요.
자, 사~과.
아참, 우리 토리가 인도사과 저엉말 좋아해요.
인도사과 의향은 맡아본 사람만 알지요.
여러분도 맡아보세요.
킁킁.
치사하게 띄어쓰기 틀렸다고
트집 잡는 거 있기? 없기?

◀ 김건희 코바나컨텐츠 대표 | 2021. 12. 16

기다릴게
오빠 먼저 가 있을게

"권 프로도 없고,
이 프로도 없고…"

지구에 나 혼자만 덩그러니 남아 있는 것 같은
이 외로움은 뭐지?

김건희 코바나컨텐츠 대표 · 권오수 도이치모터스 회장 ·
이 모 주가조작 선수 | 2021. 11. 17 ▶

왕조부활

"이 손이 왕이 될 손인가?"

대선 출마 선언과 함께 쏟아져 나온 아내와 장모를 둘러싼
논란들과 하루에 한 번씩 튀어나오는 말실수 때문에
제대로 망신살이 뻗친 윤석열 후보.
설상가상으로 2020년 총선을 앞두고 자신의 부하 검사들과 야당 간에
이뤄진 '고발사주'에 자신이 깊이 연루되었을 것이라는
의혹까지 불거지자, 묻지도 따지지도 않고 자신을 추종하던
보수층 지지자들마저 크게 동요하기 시작한다.
이에 오랜 검사 생활로 산전수전 다 겪은 윤 후보는
이 난국을 타개하기 위한 전무후무한 작전을 세운다.
그 작전이란, 국민의힘 대선 후보자 TV 토론회에 나가 평소에
잘 흔들지 않던 왼손을 일부러 자주 흔들어서 미리 손바닥에 써둔
임금 '왕'자를 화면에 잡히게 만들도록 유도해
전 국민에게 큰 웃음을 안겨주는 것이었다.
덕분에 대한민국에는 때 아닌 '왕'자 바람이 불었고,
예상은 그대로 적중해서 그를 괴롭히던 '고발사주' 의혹은
쥐도 새도 모르는 사이에 수면 밑으로 가라앉게 되었다.
그게 아니라면, 일제가 말살한 조선왕조를 자신의 손으로 다시
부활시키겠다는 원대한 계획을 세워둔 것이었다는 말이 되는데…

◀ 윤석열 국민의힘 대선 후보 | 2021. 10. 3

검사부일체

검사와 스승과 부인은 하나다!

세상의 모든 음모와 모략이 난무하는 21세기 서초동 법조타운.
그곳에서 한 스타 검사와 그 가족들을 둘러싼 포복절도
막장드라마가 펼쳐진다.
승승장구하는 S대 법대 동기들을 보며 깊은 열등감에 젖어 있던
주인공 '열'.
강산이 변하기 불과 일 년을 남겨두고 가까스로 사법고시를 통과한
그는, 사람에게 충성하지 않는다는 말 한마디로
스타가 되고, 그 기세를 몰아 대한민국의 검찰총장
자리에까지 오른다. 하지만 평생 꽃길만 걸을 것 같던 그에게
한 번도 경험해보지 못한 절체절명의 위기가 찾아온다.
그가 유력한 차기 '대통령' 후보로 떠오르자 커다란 위기를 느낀
검은 세력들이 한꺼번에 쏟아져 나와 음해하며 모함하기 시작한 것이다.
하지만 이런 위기가 한 번쯤은 닥칠 것이라는 점괘를
이미 결혼 전에 받아둔 주인공 '열'의 부인은
「아바타를 이용한 운세 콘텐츠 개발 연구」라는 논문을 써서 박사가 된 후,
실존 인물이라고 알려진 애니메이션 「드래곤볼」의 무천도사를
찾아내 영입에 성공, 그 도사와 함께 자신의 남편이 된 '열'을
비밀리에 '아바타'로 만들어 조종하게 된다.
그런 사실도 모르고 조카뻘에게 건네받은 '금낭묘계'로
악당들과 맞서 죽을 힘을 다해 싸우던 '열'.
보이지 않는 힘의 도움을 받은 그가 과연 꿈에 그리던
청와대의 푸른 정원을 거닐 수 있을 것인가?

윤석열 국민의힘 대선 후보·김건희 코바나컨텐츠 대표·천공스승 | 2021. 10. 8 ▶

검사와 스승과 부인은 하나다!!

포복절도 삼위일체!
웃음의 새 지평선을 열다!

검사부일체

섬기는 자에게만 개봉

파일더 온

완전체 합체!

기운 센 천하장사
무쇠로 만든 사람
독재장군 로보트
윤두화~ㄴZ
자기들을 위해서만
힘을 쓰는 멋진 이
나타나면 모두모두
벌벌벌 떠네
무쇠팔 무쇠다리
로케트 주먹
목숨이 아깝거든
모두모두 비켜라
윤석열
전두환
윤두~환Z

윤석열 국민의힘 대선 후보·전두환 5·18 당시 보안사령관 | 2021. 10. 21 ▶

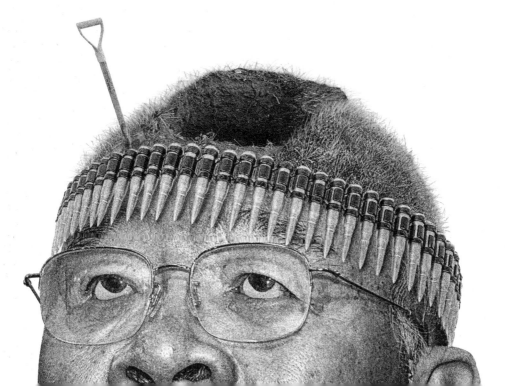

어떤 무덤

이대로…

"그냥 그렇게 가버리면 어떡해."

말 하 면 죽 는 다
초절정 입단속 블록버스터
콰이어트
생존법칙 1 : 어떤 말도 하지 말 것
생존법칙 2 : 아무 말도 하지 말 것
생존법칙 3 : 사람들이 모이면 무조건 도망갈 것
말하면 개봉 불가

콰이어트
내가 틀린 말 한 게 뭐 하나라도 나왔습니까?

"내 장모 10원 한 장 피해준 적 없다"
"가난한 사람들은 부정식품 이하라도 사 먹을 수 있게 해야"
"코로나 19 확산, 대구 아닌 다른 지역이었으면 민란 일어났을 것"
"노동자가 주 120시간이라도 바짝 일하게 해야"
"페미니즘이 악용돼 건전한 이성교제 막아"
"후쿠시마 원전, 방사능 유출은 기본적으로 안 됐다"
"청약통장을 모르면 거의 치매환자"
"사실 임금에 큰 차이가 없으면
비정규직과 정규직이 큰 의미가 있겠냐"
"손발 노동은 인도도 안 한다. 아프리카나 하는 것"
"전두환 대통령이 군사 쿠데타와 5·18만 빼면
정치는 잘했다고 말하는 분들이 많다"
"식용개 따로 키우지 않냐?"
(이후 주옥같은 발언들은 아쉽지만 지면 관계로 생략)

"석열 씨의 핵심 목표는, 올해 달성해야 할 것이 이것이다 하고
정신을 차리고 나아가면 석열 씨의 에너지를 분산시키는 것을
해낼 수 있다는 그런 마음을 가지셔야 합니다.
그렇게 간절히 원하면 우주가 나서서 도와줄 거니까요."
— 503호 여사님 조언

◀ 윤석열 국민의힘 대선 후보 | 2021. 9. 24

나의 고독

인생은 고독이야. 몰랐어?

날 새는 줄 모르고 무언가를 파다 보면
어느 순간
그 속에 갇힌 자신을 발견하게 되지.
절대 고독은
그 순간
찾아오는 거야

신원물상사 | 2021. 6. 18

정직한 후보 Ⅱ

모르는 건 부끄러운 게 아니야.
모르는 걸 모른다고 말하는 게 부끄러운 거지

칠흑 같은 바다를 밝히는 등대처럼, 최 씨 가문의 꺼지지 않는 등대
역할을 다하는 주인공 최 공. 두 분의 독립운동가를 배출한 가문의
후손답게, 그는 올해도 추석을 맞아 집으로 모인 모든 식구와 일렬로
기립해 애국가 4절을 끝까지 완창한다. 한편, 자신들이 일제의
'밀정'을 처단하는 영화 「암살」의 여주인공 안옥윤인 줄 착각하는
한 비메이저 언론사의 기자들이 나타난다. 그들은 일제의 면장과
면협의회 회원이었던 조부와, 조선총독부 기관지인 『매일신보』의
평강분국 분국장과 평강군 유진면의 면장을 지냈던 증조부를 두고
친일파였다는 가짜뉴스를 퍼뜨리고 다닌다. 그동안 삶의 모든 결정을
전능하신 하나님의 뜻에 맡기고, 어리석은 백성들을 긍휼히 여겨
오직 기도로 감싸왔던 최재형. 이번만큼은 그냥 묵과할 수 없다고
판단해 실추된 가문의 명예를 회복시키고, 시기와 질투로 얼룩진
대한민국을 천국 같은 나라로 만들기 위해 대통령이 되기로 마음먹는다.
그러자 그 사실을 듣고 몰려든 언론사 기자들의 질문이 쏟아지기 시작한다.
"이 나라 백성들을 어떻게 올바른 길로 인도하실 계획입니까?"
그는 기다렸다는 듯 막힘없이 대답한다.
"잘 모르겠습니다."
"그래도 대통령을 하시겠다고 정년이 보장된 직장까지 때려치우셨는데
이 어리석은 백성들을 위해 한 말씀 해주시죠?"
"이제부터 잘 준비해 보겠습니다."
평생 '솔직'과 '정직'을 좌우명으로 삼고 살아온 그는 최 공이다.

최재형 국민의힘 대선 후보 | 2021. 8. 5 ▶

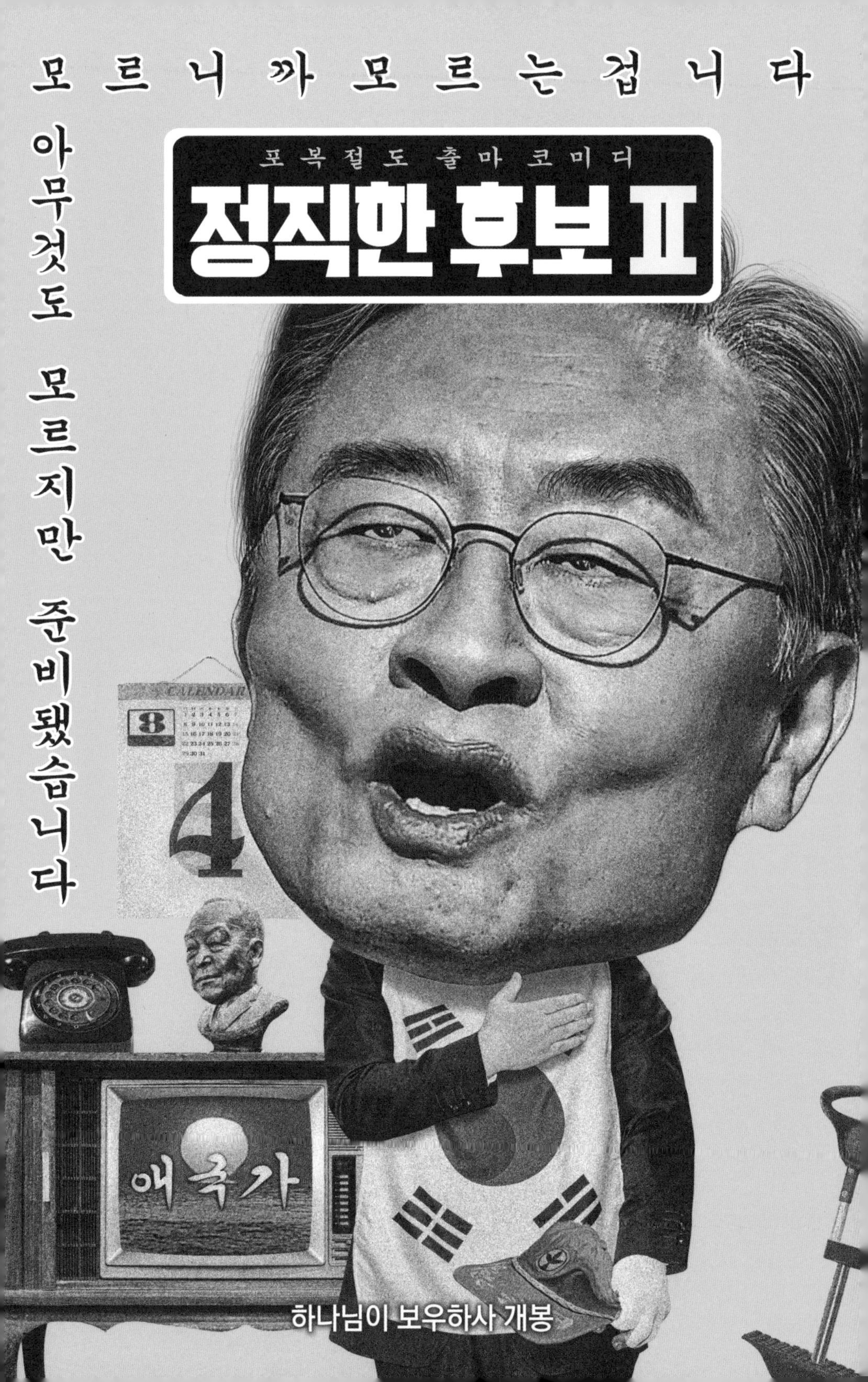

모르니까 모르는겁니다
아무것도 모르지만 준비됐습니다
포복절도 출마 코미디
정직한 후보 II
CALENDAR
8
4
애국가
하나님이 보우하사 개봉

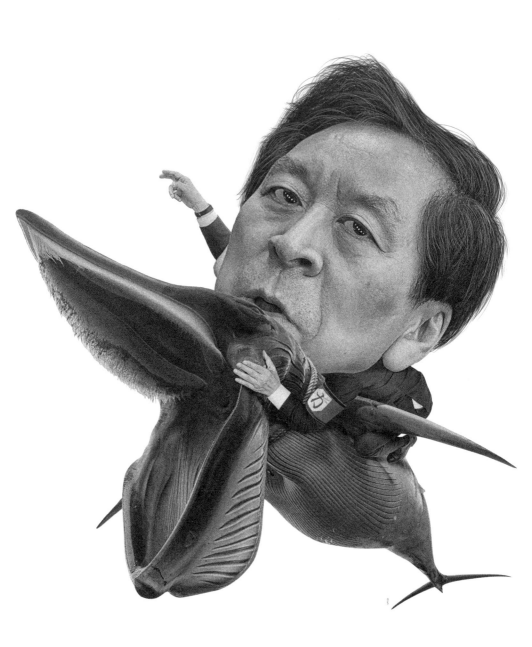

고래사냥

마~ 떠나자. 고래등 타고

"성공한 쿠데타는 처벌할 수 없다."
- 서울지검 공안1부장 장윤석 검사

"성공한 청와대 하명수사 프레임은
울산시장도 훗날 야당 원내대표로 만든다."
- 국핵관

◀ 김기현 국민의힘 원내대표 | 2021. 5. 6

홍해
너 내 누군지 아니?

학교 대항 운동회에서 크게 졌다는 이유로 연고도 없는 곳으로
전근을 가라는 학교 측의 일방적인 통보를 거부한 홍 선생.
결국 교사 자격까지 박탈당하고 홧김에 학교를 박차고 나와
하루아침에 백수가 된 그는, 야학을 전전하며 힘겹게
교사생활을 이어간다. 그러던 어느 날 예전에 재직했던 학교 측으로부터
그에게 한 통의 전화가 걸려온다.
"홍 선생님, 무탈하시지예?
다름이 아니고예. 내년에 더 큰 학교 대항전 있는 거 아시지예?
그니까 마 우리 학교가 이길라카믄 홍 선생님 없이는 절때로 안 된다
그 말 아이겠능교? 염치없지만예 혹시라도 저희한테 서운한 감정
남아 있으면 마 싸나이답게 잊아뿔고 우리 학교로 다시 와 주이소.
요번에 우리 학교에 새파랗게 젊은 교장도
새로 왔다 아입니꺼? 주디만 살아 있는 금마한테도
마 한 수 갈챠주신다 생각하고 화끈하게 함 도와주이소.
누가 머라 캐도 우리는 마 형제 아입니꺼? 으이?
위 아 부라~더."
"하이고, 마 느그가 이랄 줄 알았다.
내가 누꼬?
돌고 돌아 홍준표 아이가? 으이?
대신 '무야홍'이데이.
아랐나?"

홍준표 국민의힘 대선 후보 | 2021. 6. 25 ▶

그가 살아돌아왔다!

우리.. 계속 살아남을 수 있을까?

구급차 상시대기

Bike & Lee
따릉이와 리
젊은이여 국회본관행 급행자전거를 타라
a better tomorrow
6 국회의사당
東亞日報
오! 쾌남
호방하다, 호방해!
쾌속개봉!!!

따릉이와 리

따르릉 따르릉 비켜나세요

관저에서 본관까지 자전거로 출퇴근하시다가
자전거 도로를 내기 위해
내친김에 4대강까지 밀어버린 이명박 대통령도,
신조선통신사 단장으로서
일·한 우호 증진을 위해 자전거를 탔던
유인촌 문화체육부장관도,
자전거를 타고 다니며 한표줍쇼를 외치다가
민주당의 텃밭 순천곡성에 신한국당의 깃발을 꽂은
박근혜의 복심 이정현 의원도,
자네처럼 젊은 나이에 자전거로
일간지 일면을 장식하지는 못했다네.
하늘 같은 대선배들의 뒤를 이어
따릉이를 타고 국회에 입성한 보수의 기대주,
자전거왕 엄복동의 뒤를 이어
스스로 위인의 반열에 오를 유망주,
자네의 앞날도 잘 뻗은 자전거길처럼
뻥 뚫리기를 기원하겠네.

ps. 오늘만 탈 거 아니면 안전모는 꼭 쓰시게.

◀ 이준석 국민의힘 당대표 | 2021. 6. 16

더 폰
자신 말고는 아무도 믿지 마라

"당대표 연결 후에는
통화 품질 향상을 위하여
통화 내용이 녹음될 수 있으며,
당대표한테 하는 거 봐서
녹취록을 공개할 수도 있습니다."

원희룡 후보와 통화 중인 이준석 국민의힘 당대표 | 2021. 8. 19 ▶

지금 모든 것이 녹음된다!

"허벌나게 물어 물어!"

황산뻘

개봉 하능겨? 마능겨?

황산뻘
형뻘한테 대들면 쓰나

습지의 보호 의무를 촉구하는 '람사르 협약'이 인정하는 서해 갯벌.
그중에서도 가장 보전이 잘 되어 있는 '황산뻘'에서
어촌 계장 선거를 앞두고 밤새 한바탕 소동이 벌어진다.
이름 때문에 별명이 '낙지'인 형님이 먼저 포문을 연다.
"자네, 내가 호남 출신이라서 어촌 계장 자격이 없다고 한 건가?"
역시 이름 때문에 별명이 '재첩'인 아우가 발끈한다.
"행님? 제가 언제 그렇게 말했습니꺼? 갯벌 5천 년 역사에서 소위 백제,
호남이 주체가 되가 갯벌을 통합한 적이 한 번도 없었으니까네
여기저기서 골고루 지지받고 있는 행님이 계장이 되신다면
호남을 중심으로 황산뻘 전체를 통합하는 최초의 사례가
될 꺼라고 덕담해준 거 아입니꺼."
그러자 옆에서 가만히 듣고 있던 낙지 형님의 아우가 거들었다.
"자네의 그 시커먼 속을 우리가 모를 줄 아나? 그 말은 우리 낙지 형님이
호남 출신이라 이기기 어렵다. 한마디로 계장은 영남 출신인
자네가 해먹겠다 그 말 아닌가?
그게 '호남 비하'고 '영남 패권주의' 아니면 뭔가?"
"지역주의 조장을 하지 말자 카면서 망국적 지역주의를 조장하고
계시네예. 조용히 하자면서 자꾸 시끄럽게 고함치뿔면
도대체 저더러 어쩌란 말인데예?"
내일 아침 '황산뻘'에 떠오르는 해를
무사히 볼 수 있을 것인가?

◀ 더불어민주당 대선 후보 이낙연·이재명 | 2021. 7. 28

가을 대장동 앞에서
그만해~ 그러다가 다 죽어

가을 대장동 앞에서 그대를 묻으려다
파아란 돈다발들이 허공에 날려가고
설계한 사람들 같이 저 깊이 묻힌 걸 보네
세상에 아름다운 돈들을 얼마나 긁어모을까
한여름 돈다발 쏟아져도 굳세게 버틴 놈들과
지난겨울 꼬드김에도 우뚝 서 있는 목석들같이
하늘 아래 모든 돈을 저 홀로 벌 수 있을까
가을 대장동 앞에서 그대를 묻으려다
황당한 생각에 빠져 날 묻을도록 몰랐네
날 묻을도록 몰랐네

이재명. 더불어민주당 대선 후보 · 신원불상자들 | 2021. 10. 23 ▶

"살아보니 마지막 잎이 떨어질 때까지는
떨어진 게 아니더군…"

경 고
절대로 이 그림을
지우지 마시오!!!
CCTV감시중

사사오입
철회하라

사사오입
철회하라

사사오입 철회

창밖에는 어쩌자고 희망이 가득합니다

마지막잎새

단풍 들면 개봉

마지막 잎새

이제 그만 쉬고 싶네… 어… 잠깐

'어이없게 생각지도 못한 아우에게 밀려나 버렸다.
아~ 세상 부끄러워서 차마 바깥을 나갈 수가 없구나.
도대체 어디에서부터 잘못된 것일까?
일단 오늘은 좀 쉬어야겠다.'
"어이 김 실장~ 커튼 좀 닫아주겠나?"
"사사오입 철회하라!"
"사사오입 철회하라!"
'이미 다 끝난 일인데 여기까지 몰려와서 저러구들 있으니
허허~ 이것 참 난감한 일이로다.'

"어이 김 실장~ 커튼 살짝 열어두게나."

◀ 이낙연 더불어민주당 대선 후보 | 2021. 10. 12

돌팔매

Get up 같이 안고 일어나

우린 제각기 다르지

모두 닮은 존재라면 외려 이상하지

우린 같을 수 없지

인생은 말하자면 그걸 알아가기

하지만 누군가 너를 단지 다르다는 이유로 괴롭힌다면

그땐 우린 또 하나지

돌팔맨 그저 모른 척할 수는 없지

Get up 같이 안고 일어나

흙을 털어내 우린 서로들의 편이야

Hands up 다시 손을 내밀어

단단하게 잡고서 한 걸음씩 내디뎌 가

– 이적, 「돌팔매」 중에서

이재명 더불어민주당 대선 후보 | 2021. 10. 11 ▶

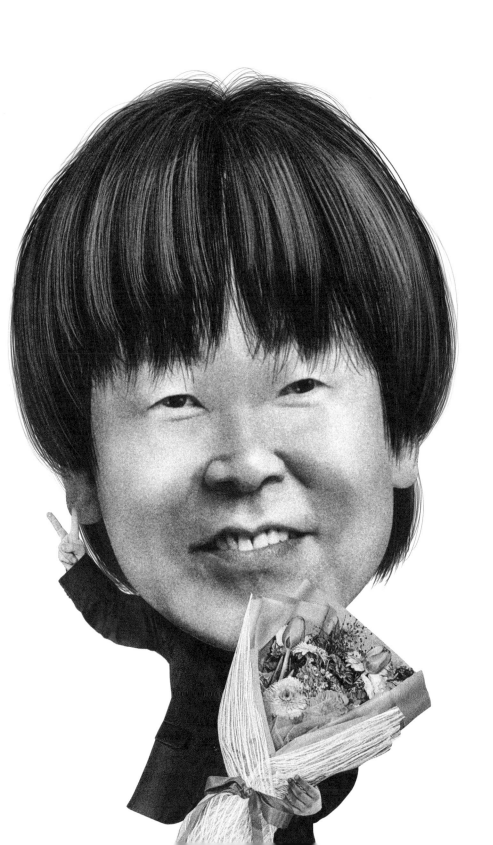

신우도할계 新牛刀割鷄

공空수처야? 빈空수레야?

신우도할계
소 잡는 칼, 닭 잡는 데 쓰고
포크레인, 구멍 파는 데 쓴다.

김진욱 고위공직자범죄수사처 처장 | 2021. 5. 13 ▶

고위공직자범죄수사처

성역없는수사

2

나는
네가 한 일을
알고 있다

내곡성
악당들 말에 현혹되지 마라

2011년, 서울시 '무상급식'에 반대하는 주민 투표를 강행했다가 서울시장 자리에서 물러난 오 전 시장. 시민들에게 영원히 잊혀질 줄 알았던 그가 "기억 앞에 겸손해야 한다"는 말과 함께 돌아와 공석인 서울시장직에 다시 도전한다. 하지만 오래전부터 그를 쫓아다니며 집요하게 괴롭히던 스토커들이 또다시 나타나 오 후보가 태어나서 단 한 번도 가본 적 없는 '내곡동 보금자리주택지구'를 두고, 처갓집을 위해 셀프 개발, 셀프 보상을 했다는 얼토당토않은 괴소문을 퍼뜨리고 다니기 시작한다. 또한 그들에게 포섭된 정체불명의 마을 식당 주인과 아들이 등장해 정치적으로 편향된 한 라디오 프로그램에 출연해 그가 이태리 명품 구두에 백바지를 입고, 자신들이 운영하던 식당으로 생태탕을 먹으러 왔었다는 목격담을 서슴없이 늘어놓는다. 한편 정체불명의 고발전문 시민단체들이 대거 출몰해 "시장 임기 중에 양재동 복합유통센터인 파이시티인허가를 하지 않았던 것으로 기억한다"는 오 후보의 말을 꼬투리 잡아 고발장을 날린다. 코로나 팬데믹에 시달리고 있는 천만 서울시민들을 위해 모든 것을 걸 각오가 되어 있는 오 후보에게 또다시 찾아온 사상 최대의 위기. 그는 과연 온갖 음해를 퍼뜨리는 악한 무리들을 무찌르고 오뚜기처럼 우뚝 일어설 수 있을까? 그리고 12년 전 후련하게 '시장직 사퇴 약속'을 지켰던 그를 서울시민들은 과연 다시 흔쾌히 받아줄 수 있을 것인가? 선거에서 승리하려면 음모 앞에 당당하고, 기억 앞에 겸손해야 한다. 오 후보의 건승을 기원한다.

◀ 오세훈 국민의힘 서울시장 후보 | 2021. 4. 2

험난하다 험난해

전대미문 선거 블록버스터

부산시청행

개봉불확실

부산시청행

아빠~ 달려!

부산에서 나고 자란 '부산의 아들' 박 교수에게는
사랑하는 아내와 눈에 넣어도 아프지 않은 아내의 딸이 있다.
저 멀리 대마도까지 훤히 내려다보이는 바닷가에서 가족들과 함께
멀미가 날 정도로 행복하게 살아가던 그에게 고향 부산을 위해 헌신할
수 있는 절호의 기회가 찾아온다. 쟁쟁한 경쟁자들을 모두 꺾고
부산시장에 출마할 수 있게 된 것이다. 부당한 정치탄압으로 감옥에 가
있는 전 대통령으로부터 이미 국가 최고 권력의 재테크 방법을 빠짐없이
전수받았던 그는 준비된 미래 권력이었다. 부산시장 당선을 위해
몸이 부서져라 선거 유세를 다니던 어느 날, 그와 그의 가족들에게
정체를 알 수 없는 악당들로부터 밤낮으로 괴전화가 걸려오기 시작한다.
"나는 네 처가 23년 전에 한 일을 알고 있다."
"그게 무슨 개 같은 소리야?"
"23년 전에 네 처가 딸을 데리고 H대학에 가서
제발 우리 딸 좀 붙여달라고 했던 사실을 너도 알고 있겠지?"
"말 같지도 않은 소리 하구 있네. 당장 전화 끊어!"
공사판의 험한 인부들과 맞짱 떠서 단 한 번도 진 적이 없던 토건족
출신 대통령의 수제자답게 그는 어설프게 협박하는 악당들을
가볍게 제압할 수 있는 방법을 그 누구보다 잘 알고 있었다.
코너에 몰릴 때는 무조건 잡아떼고, 다운이 되더라도 끝까지 잡아떼라는
사부님의 가르침을 떠올린 박 교수는 초강력 모르쇠 전략으로
맞서며 그들을 향해 큰 소리로 외친다.
"너희들이 뭔 말을 하는 건지 난 모르겠고 암튼 너희들 고소!!!"
과연 그는 꿈꿔왔던 부산의 대통령이 될 수 있을 것인가?

◀ 박형준 국민의힘 부산시장 후보 | 2021. 3. 17

나는 네 처가 23년 전에 한 일을 알고 있다
베레모의 비밀

얼마 전 H대학교 미술대학 판화과를 정년퇴직한 김 교수.
그는 사실 오랫동안 자신의 슈퍼 파워를 감춘 채 살아왔다. 인간의
뇌에서 기억을 저장하는 기관 '해마'가 보통 사람들에 비해 수십만
배는 발달한 '울트라 슈퍼 해마맨'이었던 것이다. 언제 무슨 일이
벌어질지 몰라 양복 속에 항상 유니폼을 입고 다니는 슈퍼맨처럼,
그는 강의를 할 때도, 판화를 찍을 때도, 밥을 먹을 때도, 심지어 샤워를
할 때조차도 절대로 베레모를 벗는 법이 없다. 이제 와서 밝히지만
그 모자는 세상의 모든 일을 자동으로 기록하고 저장하는 '울트라
해마'이기 때문이다. 눈치가 빠른 사람이라면 벌써 알아챘을 것이다.
크립토나이트에 노출된 슈퍼맨이 맥을 못 추듯, 그의 베레모를 벗기는
순간 그도 한순간에 힘을 잃어버린다는 것을. (비밀 엄수.) 어쨌거나
오랫동안 몸담았던 학교를 떠나 그동안 누려보지 못했던 여유롭고
평화로운 시간을 만끽하고 있던 '울트라 슈퍼 해마맨'은 '눈 가리고
아옹'이라는, 생김새와 전혀 어울리지 않는 앙증맞은 이름이 붙은
슈퍼빌런이 부산 앞바다에 출몰해서 부산시민들을 공포로 몰아넣고
있다는 긴급 뉴스를 듣는다. 드디어 출동할 시간이다. 자리를 박차고
일어나 북한산 지하 220미터 깊이에 만들어둔 비밀 무기고로 달려간
'울트라 슈퍼 해마맨'은 23년간 묵혀둔 비장의 무기 '울트라 슈퍼 해마
프레스기'를 꺼내 들쳐메고 '눈 가리고 아옹'을 무찌르기 위해
부산 앞바다로 힘차게 날아간다.
"날아라 '울트라 슈퍼 해마맨'!!!"
"돌아라 '슈퍼 프레스기'!!!"

김승연 전 홍익대학교 미술대학 판화과 교수 | 2021. 9. 20 ▶

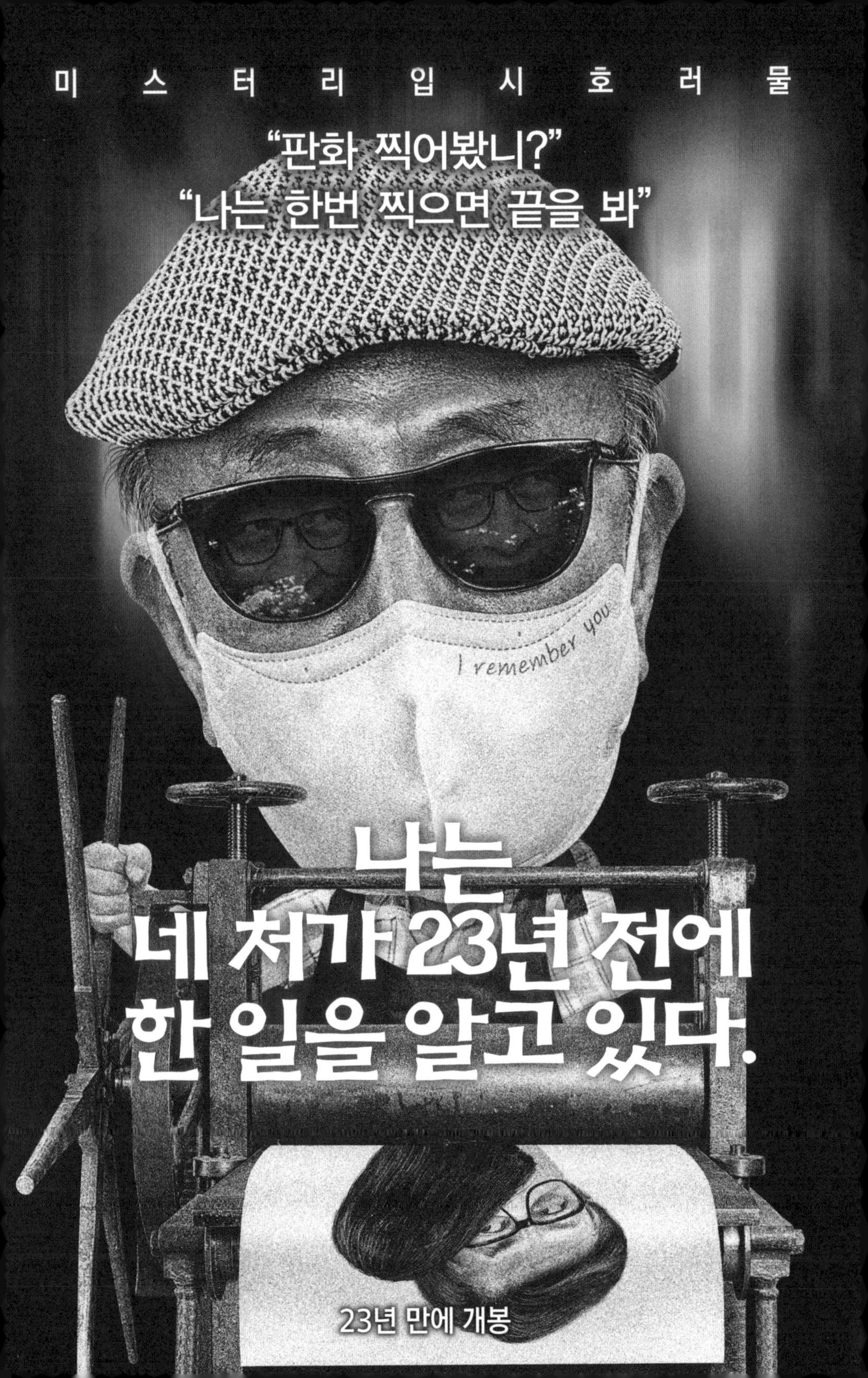

미 스 터 리 입 시 호 러 물
“판화 찍어봤니?”
“나는 한번 찍으면 끝을 봐”
I remember you
나는
네 처가 23년 전에
한 일을 알고 있다.
23년 만에 개봉

당신에겐 있나요?
남들이 욕할 때 편 들어준
단 한 친구

나, 찐
만나러
갑니다

눈 오는 날 시작된 기적

나, 찐 만나러 갑니다

우리, 만날까?

"혼또니 오겡끼데스까? 本当にお元気ですか?"

('찐' 잘 지내?)

"와타시와 오겡끼데스. 私元気です"

('나' 잘 지내.)

마라톤맨

달리는 데 이유가 있어?

영화 「포레스트 검프」에서
주인공이 달리는 이유는
묻지 마.
3년 동안 왜 죽어라 뛰었는지
주인공도 모르는데
자꾸 그 이유는 물어 뭐해?
뭔가 할 때마다
꼭 무슨 이유가 있어야 해?
그건 아니잖아.
그러니까 그가 왜 또 달리는지
그만 물어봐.

안철수 국민의당 당대표 | 2021. 11. 2 ▶

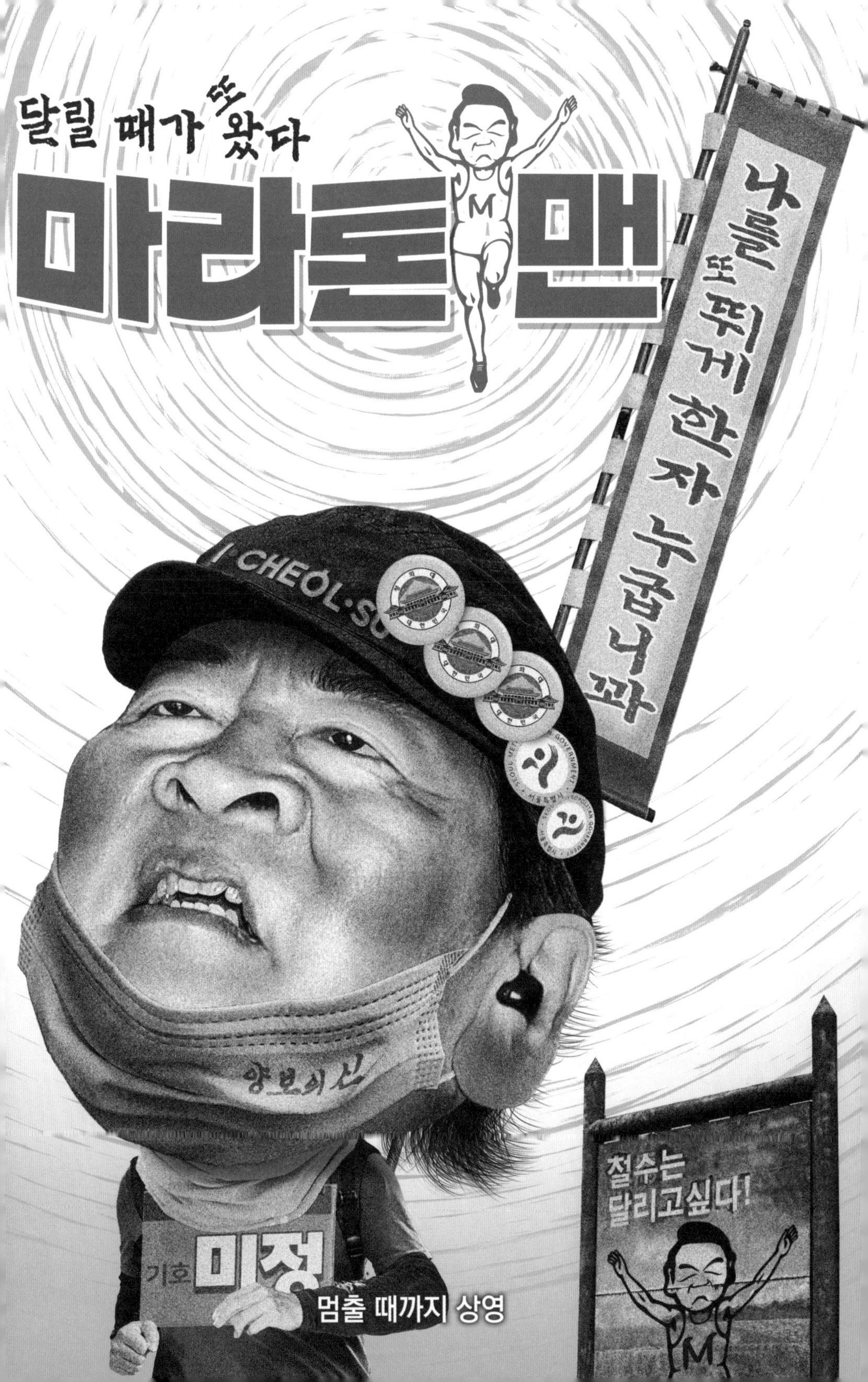

달릴 때가 또 왔다
마라톤맨
나를 또 뛰게 한 자 누굽니까
CHEOL·SU
양보의 신
기호 미정
멈출 때까지 상영
철수는 달리고싶다!

왕의 옷을 입혀주는 사람

상의원

곤룡포 입고 싶어?
그럼 나랑 상의하든가.

고용해야 개봉

상의원

함부로 간 보지 말고 나랑 상의해

쯧쯧
결국은 와서 바짝 엎드릴 것들이 튕기긴 왜 튕겨?
내가 이 장사 하루 이틀 한 줄 알아?

◀ 국민의힘 총괄선거대책위원장 김종인 | 2021. 11. 15

쓰리킴즈

"놀라셨쎄요 고갱님?"

삼김시대는 가고
쓰리킴이 뭉쳤다.
그들이 함께하면
두려울 것이 없다.

국민의힘 총괄선거대책위원장 김종인 ·
상임선대위원장 김병준 ·
새시대준비위원장 김한길 | 2021. 11. 22 ▶

"살고 싶어? 그럼 정부터 떼"

말 쩡

抹(지울 말)　　情(마음 정)

적군인가

아군인가

밀실 개봉

말정抹情

사람을 믿지 말고, 상황을 믿어

가을은 '전어철'
선거는 '양정철'
가을 전어 굽는 냄새를 맡은 집 나간 며느리처럼
미국 갔던 그가 우리 곁으로 다시 돌아왔다.
지난 총선을 큰 승리로 이끈 전략의 귀재답게
정권 연장을 위한 비책을 들고서.
"조국 털고, 문을 넘자."

정치를 믿지 말고 정철을 믿어보자.
그래야 살 수 있다니까?

◀ 양정철 민주연구원장 | 2021. 6. 15

선거의 왕

나를 키운 건 8할이 까칠함이다

친노·친문의 대표적인 좌장으로 불리며 2020년 4월에 치러진
총선에서 180석의 압승을 이끌고 30여 년의 긴 정치 인생을 마무리한
전 더불어민주당 당대표 이해찬.
2018년 더불어민주당 전당대회가 열리기 직전, 당대표 후보로 나선
그를 두고 도올 김용옥 선생은 "강단이 있고, 얼굴 생김새도
유비 현덕보다는 조조 스타일이다. 겉으로 보기에는 거부감을
주는 것도 있지만 종합적인 판단력이 뛰어난 사람이다"라고 평가했다.
그 말에 부응하듯 당대표로 선출된 이해찬은
중국 후한 말기의 판도를 바꾼 역사상 가장 중요한
전투 중 하나인 관도지전官渡之戰에서 원소의 군대를 상대로
압승을 거둔 조조처럼, 2년 뒤 치러진 21대 총선을 앞두고
특유의 카리스마와 강단으로 냉정하다 못해 비정하다는
원성까지 샀던 '시스템 공천'을 관철시키며
대한민국 정당 사상 역대 최다 의석 수인 180석을 석권,
압도적인 슈퍼여당을 탄생시킨 일등공신이 됐다.

이해찬 전 더불어민주당 당대표 | 2020. 4. 24 ▶

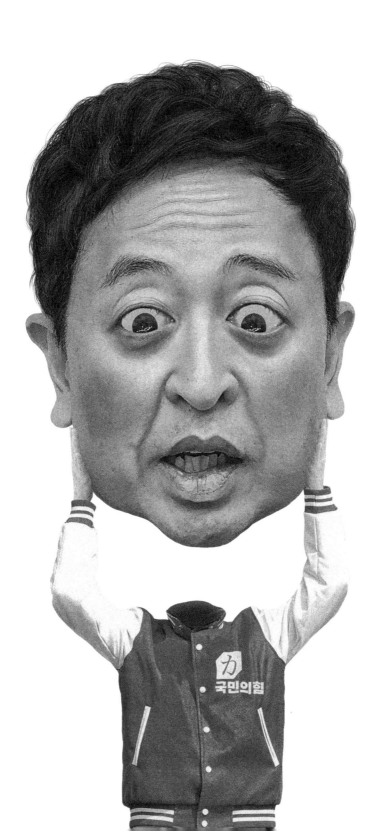

신통방통

거 참 신기하지요?

국민의힘으로 갈아타신 조 모 전 채널 A 기자 덕에
방송사에 길이 남을 명장면으로 기록된
'이름궁합' 기억하시나요?
재미삼아 국민의힘과 금태섭 전 더불어민주당 의원의
궁합 점수 어떤지 한번 볼까요?

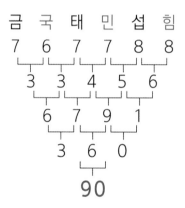

```
금  국  태  민  섭  힘
7   6   7   7   8   8
  3   3   4   5   6
    6   7   9   1
      3   6   0
        90
```

◀ 금태섭 전 더불어민주당 의원 | 2021. 3. 26

말문이
꼬투리 잡는 자 꼬투리 잡히리니

"자유로운 편집권을 누리지 못하고 '외눈'으로 보도하는 언론들이
시민 외에 눈치볼 필요 없이 양눈으로 보도하는
「뉴스공장」을 타박하는 것은 잘못이다."
- 추미애 전 법무부장관

"'장애 비하 표현'을 한 추 장관은 즉각 정정하고 사과하라."
- 정의당 장혜영 의원

"지난 2016년에 북한의 핵실험과 관련해 군 당국을 '눈뜬장님'이라고,
2019년에 삼성바이오로직스의 손을 들어준 재판부를
비판하며 '외눈박이'식 결정을 했다고 논평을 낸 바 있다.
이 발언들이 차별적 언어에 대한 감수성이 부족해 벌어진 일이라고
인정한다. 지난날 저의 발언으로 인해 상처받으신 분들께
깊이 사과드린다."
- 정의당 심상정 의원

되로 주고 말로 받고,
빈대 잡으려다 초가삼간 태워버린 정의당.

정의당 심상정·장혜영 의원 | 2021. 4. 30 ▶

말모이
친문 강점기, 말의 정의를 모은 우리말 사전
한쪽으로 치우치다
라는 의미의 단어를
아는 대로
적어 주세요!
눈뜬 장님
외눈박이

이생집망
대화가 필요해

"2014년 박근혜 정부 당시 집권 여당이던 새누리당이 부동산 시장 활성화를 목적으로 '민간택지에서 공급되는 주택에 대한 분양가상한제를 사실상 폐지'하고, '재건축 초과 이익 환수제 유예기간을 2017년까지 3년 연장'하고, '수도권 과밀억제권역에서 재건축 조합원이 최대 3주택까지 분양받을 수 있도록 허용'하는 것을 골자로 하는 〈부동산 3법〉을 강하게 밀어붙여서 통과시켰던 거 알아? 그때 3개 법안에 모두 찬성표를 던진 의원 127명 중 49명이 강남3구에 아파트를 소유하고 있었고, 재건축 대상인 30년 이상된 아파트를 소유하고 있는 의원이 21명이나 됐는데 공교롭게도 그 사람들이 전부 다 새누리당 의원이었대. 그런데 그 의원 중에서도 한 명은 당시 가지고 있던 무려 22억 원짜리 아파트가 그 뒤로 23억 원이 올라서 현재 공시지가만 45억 원이 됐다지 뭐야. 그리고 재건축 이후에 새 아파트를 2채나 더 분양받고, 초과이익 환수도 없었대. 그야말로 〈부동산 3법〉의 혜택을 제대로 받은 거지. 그런데 말이야. 그 사람이 문재인 정부의 공직자 다주택 문제를 비판하고, 부동산 정책 실패로 집값이 폭등했다면서 제일 앞장서서 비난하고 그랬었나봐. 더 황당한 건 뭔지 알아? 저 사실이 한 방송사 취재로 드러나니까 그 의원이 라디오에 나와서 "민주당 정권이 잘못해서 1~2년 사이에 이렇게 가격이 올랐다"고 말했다는 거야. 헐. 이런 게 바로 '이해충돌' 아니야? 너도 열 받지?"

"그렇구나. 근데 우리 그냥 마인 크래프트나 하면 안 될까?"

"그래."

◀ 주호영 국민의힘 의원 | 2020. 7. 28

천수관흠 千手觀欽
나무관흠보살

- 千手觀音 천수관음
천 개의 손과 천 개의 눈으로 사바세계 중생들의
고통과 어려움을 보고 들으시는 보살님.

- 千手觀欽 천수관흠
천 개의 손과 천 개의 눈으로 사바세계 중생들의
공물과 재테크를 보고받으시는 덕흠님.

머니매직

뽕

"친애하는 동포 여러분 안녕하십네까?
오늘은 제가 아주 신기한 마술을 보여드리갔시요.
눈 깜빡할 사이에 5만 원이 500원으로 변하니까네
눈을 똥그랗게 뜨고,
귀를 쫑긋 세우고
집중해서 잘들 보시라요!"

조수진 국민의힘 의원 | 2020. 12. 27 ▶

숭크
내가 잘못했네. 내가 잘못했어

"아, 내가 큰 실수를 할 뻔했어요.
아, 우리 우리 기자님들 증말 대단하시네~
아 이 내가 대한민국 일개 의원이 증말
여러분들을 아주 불쾌하게 할 뻔했어 내가.
내가 아주 큰 실수를 할 뻔했구먼. 내가 잘못했어~ 내가."

"내 얘기 똑바로 들어! 어?
권리가 계속돼서 그게 호의인 줄 알았어요~ 내가.
내가 그냥 관둘게. 어?
관두겠다고. 내가."

– 영화 「부당거래 2−부동산거래」 중에서

◀ 윤희숙 전 국민의힘 의원 | 2021. 8. 30

취업사주

니들이 딸 키워봤어?

"난 네가 기뻐하는 일이라면 뭐든지 할 수 있어."

– 까치

"난 딸이 기뻐하는 것이라면 뭐든지 할 수 있어."

– 아빠

◀ 김성태 전 국민의힘 직능총괄본부장 | 2021. 11. 26

피닉스 리
나가 불사조여

"나가 이래 봬도 이스타 항공 창업주여. 그란디 요즘 회사가 쪼끔
거시기혀서 600명쯤 정리해고혀 부렀어. 그게 뭔 대수여? 그라고 쪼까
남아도는 회사 주식 520만 주, 그래봐야 544억 원밖에 안 한당께? 우리
애들이 주주로 있는 회사에 매도 쪼까 허고, 눈에 넣어도 안 아픈 우리
딸내미 외제차 리스 비용 좀 보태줬어야. 자네들도 딸 키워봤응께 내
맘 잘 알잖제? 그라고 오메… 내 회사 돈이면 내 돈잉께 오피스텔 임차
비용으로 쪼까 쓴 건디 그게 무슨 얼어죽을 '특정경제범죄가중처벌법상
횡령 배임'이라고 그 난리들을 치고 그러능가? 자네들 알랑가
모르겄지만서도 이래 봬도 나가 불사조여. 나가 어찌 살아나는지
보여줘불랑께 다들 두고 보드라고 잉?"

이 발언을 끝으로 그는 국회에서 증발했다는 소문이…

이상직 전 더불어민주당 의원 | 2021. 4. 22 ▶

기소할 수 없는 적을 만나다

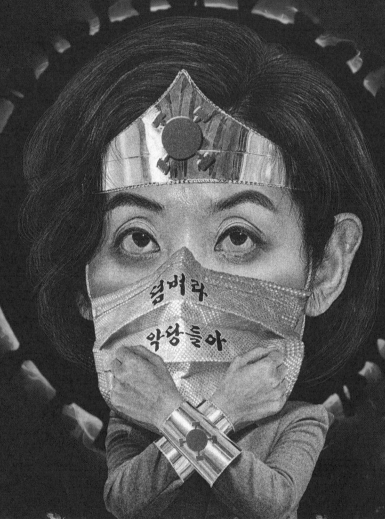

덤벼라
악당들아

NAKYUNG
WONDER

원더개봉

나경원더

천하무적

홍신학원 홍신유치원 배임 의혹
아들이 서울대 의대 포스터(약식논문) 1저자로 부정 등재됐다는 의혹
딸의 성신여대 부정입학 의혹
딸의 성적 상향 정정 의혹
딸의 입시에 도움을 줬다는 의혹을 받은 교수가
평창동계스페셜올림픽 개·폐막식 예술감독에
부당하게 선정됐다는 의혹
스페셜올림픽 조직위 비서 채용 비리 의혹
스페셜올림픽 조직위와 스페셜올림픽코리아재단의
예산집행 관련 비리 의혹
스페셜올림픽 조직위 지인 자녀 특별채용 의혹
등
등
등
13건 고발 사건 모조리 불기소

도무지 당해낼 재간이 없다.

◀ 나경원 전 국민의힘 의원 | 2021. 1. 8

111

국력장나경원시 國力將羅卿瑗詩
동작 그만!

신책구천문神策究天文

그대의 신기한 책략은 하늘의 이치를 다했고

묘산궁지리妙算窮地理

오묘한 계획은 땅의 이치를 다했노라

전승기공고戰勝功旣高

전쟁에 이겨서 그 공이 이미 높으니

지족원운지知足願云止

만족함을 알고 그만두기를 바라노라

– 만두국의 대장 을지만덕이

현전 최고最古의 시를 베껴

2020년 21대 국회의원 선거에서 지고

2021년 서울시장 당내 경선에서 지고

2021년 국민의힘 전당대회 당대표 선거에서 진

국힘국 장수 나경원에게 보내다.

나경원 전 국민의힘 의원 | 2021. 6. 11 ▶

살아남아야 한다
완전폭망
"자식에게 문제있는 공직자는 공직자의 자격이 없습니다"
우리 아빠
가족재난 블록버스터
관도라
GWANDORA
주연 실종! 개봉 무기한 연기

판도라

아빠? 우리 망한 거 같아요

"자식에게 문제 있는 공직자는
공직자의 자격이 없다네요."
 - 고위 공직자 아들

아빠 없는 하늘 아래
잘들 지내고 있는 거지?

"장훈이 형이 말했지.
제일 쓸데없는 걱정이
연예인 걱정,
류현진 제구력 걱정,
손흥민 골 결정력 걱정이라고.
근데 나는 걱정이 하나 더 있어.
그 가족들 걱정.
요즘 다들 뭐하고 지내는지
너무 조용하니까
내가 다 숨이 막힐 거 같아.
왜 그런 거 있잖아.
군대에서 매일같이 때리던 고참이
갑자기 순해지면 더 겁나는 거.
아무튼.
다들 잘 지내고 있는 거지?"

◀ 한진그룹 가족 일동 | 2019. 12. 28

S-1000

스ㅇㅇㅇ윽

"안녕? 친구야.

동갑이니까 그냥 편하게 친구라고 부를게.

괜찮지?

예전부터 정말 궁금한 게 하나 있었는데 물어봐도 될까?

너는 혹시 어떤 영화를 제일 좋아하니?

나는 아놀드 슈왈제네거가 나오는 터미네이터 시리즈야.

그중에서도 2탄 〈심판의 날〉이 제일 끝내줬어.

거기에 나오는 배우들 중에서

나는 경찰 로봇이 제일 멋있더라.

알지? T-1000.

총 맞은 구멍도 저절로 메꿔지고,

자기 마음대로 변신도 막 하고.

특히 아무데나 막 통과하고.

근데 그런 연기를 도대체 어떻게 했나 몰라.

혹시 너는 알고 있니?

왠지… 너라면 잘 알 것 같아.

몸값이 엄청나게 비싼 배우라서 그런가?

나는 아무리 생각해도 정말 모르겠다.

아무튼 꼭 답장해줘,

기다릴게.

너의 친근한 벗 만두가."

이재용 삼성전자 부회장 | 2020. 6. 9 ▶

TERMINATOR
JUDGMENT DAY
S-1000

개봉중단개봉중단개봉중단개

───── 2(2018년 3월 22일 목요일 ─────

포돌이님이 명바기님을 초대했습니다.

 안녕하세요~ 환영합니다^^ 오후 11:57

 명바기
헐;; 오후 11:58

───── 2019년 3월 6일 수요일 ─────

명바기님이 나갔습니다.
채팅방으로 초대하기

───── 2020년 2월 19일 수요일 ─────

포돌이님이 명바기님을 초대했습니다.

 어서오세요~ 또 만났네요^^ 오후 11:53

 명바기
헐헐;; 오후 11:55

───── 2020년 2월 25일 화요일 ─────

명바기님이 나갔습니다.
채팅방으로 초대하기

───── 2020년 10월 29일 목요일 ─────

포돌이님이 명바기님을 초대했습니다.

 또 오셨네요^^
이제부터라도 여기가 내 집이라 생각
하시고 마음 편하게 지내보아요~
오후 11:44

 명바기
미치겠네;; 오후 11:59

빙글빙글
뫼비우스 혹은 시시포스

가수 나미가 부릅니다.
"그저 바라만 보고 있지
그저 속만 태우고 있지
늘 가깝지도 않고
멀지도 않은 우리 두 사람
어떻게 하나 우리 만남은 빙글빙글 돌고
여울져가는 저 세월 속에
좋아하는 우리 사이 멀어질까 두려워
좋아하는 우리 사이 멀어질까 두려워."

◀ 이명박 전 BBK 대표 | 2020. 10. 29

대한민국을뭉개라
이제그들이우리에게불어야할
자백

나 알지? 다 부는 수가 있어..

역사의 진실 앞에 겸손하라

하마터면 개봉할 뻔

자백

내 아직 살아 있데이

"아주 옛날에 이 여의도를 주름잡던 행님이 한 분 계셨다. 별명이 '무대'야. 한눈에 봐도 체격이 딱 행님 스타일이거덩? 마 기자가 됐건, 의원이 됐건, 당직자가 됐건 다 반말 했어. "야" "마" "그래 니" "아니, 니 말고 니". 아무 생각 없이 그 행님 첨 만나면 당연히 뜨악할 꺼 아이가? 그란데 머 우짜겠노? 아무튼 그래가 그 행님 별명이 '무대뽀'가 됐는데, 시간이 쫌 지나고 보이 그래도 명색이 대한민국 국회의원인데 어감이 아무래도 쫌 안 그렇나? 그래가 걍 김무성 대장을 줄여서 '무대'다 이칸기라. 인자 쫌 알겠나?"

"잘 알겠어라. 근데 그 형님이 요새 쪼까 안 보이는디 혹시 뭔 일 있었능가 보네요잉?"

"니 눈치 빠르네? 니 옥새파동이라고 들어봤나? 몇 년 전에 그 행님이 당대표 하던 시절에 공천 문제로 골치아프니까네 도장 들고 그대로 부산 영도 다리로 토끼삐서 아주 난리가 났다 아이가? 그때 가오 빠져서 그 뒤로 맛이 쫌 갔다 그 말이다."

"워어어메, 그라고 봉께 그런 일이 다 있어부렀네요잉? 인자 그럼 그 형님은 완전히 아웃 되부렀나 보네요잉?"

"아이다. 니 진짜로 몰라서 하는 소리가? 얼마 전에 그 행님 잡지에 나왔다카이. 근혜 누님이 대통령할 때 기무사령관 조현만인지 조현천인지 금마한테 계엄문건 검토해보라고 시킨 거 맞다고 다 뿔어뺐다 아이가? 지금 그거 때문에 요즘 근혜 누님 또 앓아눕고, 기춘 행님 자다가 벌떡 깨고, 미국으로 토낀 현천이 거품 물고 마 그란다. 그 행님 아직 안 죽었다. 절대로 만만한 행님 아이데이."

"워어어메, 그라면 조만간에 또 나와불겠네요잉?"

◀ 김무성 전 미래통합당 의원·박근혜 전 박정희 대통령 딸·
조현천 전 국군기무사령부 사령관 | 2021. 4. 30

간첩 소탕
질문에 답하시오

질문 1 (배점 20점)
중앙정보부 요원이 각본을 쓰고, '로봇 태권브이'의 아버지인 김청기
감독이 연출한 전설적인 '반공만화영화'의 제목은?

질문 2 (배점 30점)
무장공비를 일망타진하듯 용산참사 작전을 진두지휘했고, 문재인
대통령이 대선 특보단에 잠입한 간첩의 도움을 받아 당선됐다는 놀라운
사실을 최초로 주장한 '간첩 잡는' 국회의원은?

보너스 질문 (배점 50점)
빨갱이를 혐오하는 보수정당 '국민의힘'에 입당한 후,
빨간 옷을 입고 강남갑에서 선출된 '전 북한 고위직' 출신의
국회의원은?

정답
1. 간첩 잡는 똘이장군
2. 김석기 의원
3. 태영호 의원

국민의힘 의원 김석기 전 서울지방경찰청장·
태영호 전 조선민주주의인민공화국 외교관 | 2021. 9. 20 ▶

블랙리스트

우리도 잊지 않을게

새장 속에 매를 가둬 둔다고
구관조로 키울 수는 없는 법.

문화체육관광부 장관 조윤선 ·
대통령 비서실장 김기춘 ·
최태민 멘티 박근혜 ·
박근혜 멘토 최순실 | 2021. 9. 2 ▶

도플갱어
흑역사는 반복된다

"어제의 범죄를 벌하지 않으면,
내일의 범죄에 용기를 주는 것이다."
- 알베르 카뮈

"어제의 범죄자를 벌하지 않으니까
오늘의 범죄자가 용기를 얻는 것이다."
- 아트만두

민 아웅 흘라잉 미얀마 총리 ·
롤모델 전두환 전 대한민국 국가보안사령관 | 2021. 4. 24 ▶

영웅본색

장군님 장군님 우리 장군님

1932년 4월 상하이 훙커우 공원에서 윤봉길 의사가 던진 폭탄에 의해
비명횡사한 일본군 사령관 '시라카와 요시노리'白川義則를 몹시 흠모한
나머지 똑같은 이름으로 창씨개명하고, '간도특설대'에서
일본군으로 복무하는 동안 항일 무장 독립운동 세력인 '동북항일연군'을
토벌하는 혁혁한 무공을 세우고 한국전쟁이 일어나자 이승만 대통령의
성은을 입어 대한민국 육군 제1사단 사단장과 제1군단 군단장으로
활약하더니, 전쟁이 끝난 후에는 한국군 최초의 4성 장군으로 예편하고
곧이어 제7대, 제10대 육군참모총장과 제4대 연합참모회의 의장을
역임하고 중국과 프랑스와 캐나다의 대사관을 두루 거쳐, 귀국 후에는
제19대 교통부장관까지 지내다가 '한국전쟁사' 편찬을 주도하면서
자신을 스스로 영웅의 반열에 올려놓았으며, 한국전쟁 60주년
기념사업을 계기로 이명박 정부로부터 '명예 원수'로 추대되었다가
안타깝게 무산되었지만 도대체 전쟁에 나라를 몇 번이나 구하셨는지
김수한무 거북이와 두루미 삼천갑자 동박삭 치치카포 사리사리센타
워리워리 세브리깡 무두셀라 구름이 허리케인에 담벼락 담벼락에
서생원 서생원에 고양이 고양이엔 바둑이 바둑이는 돌돌이처럼
요람에서 무덤까지 온갖 부귀영화를 누리며 만수무강하시다가 여론의
숱한 반대 여론에도 불구하고 끝내 국립묘지에 편안하게 안장되신
대한민국에서 두 번 다시 없을 전설적인 전쟁영웅
백선엽 장군님 만세!

◀ 시라카와 요시노리白川義則 백선엽 전 예비역 대장·
전 만주국 간도특설대 복무 | 2020. 6. 3

안흔한 남매
사이 좋게 나눠 마셔요

"후쿠시마 제1원전 오염수를 마셔도 별일 없다.
원전 오염수에 포함된 방사성 물질 삼중수소트리튬가
중국과 한국 원전이 바다에 방류하고 있는 것보다 농도가 낮다."
– 아소 다로麻生太郎 일본 부총리 겸 재무상

"사람들의 건강을 해칠 걸 알면서도
강이나 바다에 오수를 흘려보내는
파렴치한 공장주 같은 나라는 아닐 것."
– 박유하パクユハ 세종대학교 교수 겸『제국의 위안부』저자

"사이 좋게 마셔요.仲良く飲んでください"

아소 다로麻生太郎 일본 부총리 ·
박유하パクユハ 세종대학교 일어일문학과 교수 | 2021. 4. 19 ▶

하버드 대학의 벌레

누가 벌레에게 와사비를 먹었나?

스멀스멀 개봉

하버드 대학의 벌레

K-해충약 보내드립니다

위안부는 모두 자발적인 성노동자라고 주장한
일본 법학 미쓰비시 교수 존 마크 램지어

하버드 대학에는 공부벌레들만 있는 것이 아니라
그냥 벌레도 있더군.

◀ 하버드 대학 존 마크 램지어 일본 법학 미쓰비시 교수 | 2021. 2. 8

박멸

개새끼로소이다

나는 개새끼로소이다.
하늘을 보고 짖는
달을 보고 짖는
보잘것없는 나는
개새끼로소이다.
높은 양반의 가랑이에서
뜨거운 것이 쏟아져
내가 목욕을 할 때
나도 그의 다리에다
뜨거운 줄기를 뿜어내는
나는 개새끼로소이다.
- 독립운동가 직계 후손이
박열 열사의 시를 읊다

고노야로
개인적인 감정은 없다

"일본은 역사문제에 이해가 부족하다."
– 한국 정부 관계자

"한국이 역사를 바꿔쓰고 싶다고 생각한다면, 그런 것은
불가능하다는 것을 알 필요가 있다."
– 고노 다로河野太郎 일본 홍보본부장

차마 글로 담기 힘들 만큼 다양하고 살벌한 '욕'들이
난무하는 '욕진국' 한국,
"빠가야로ばか野郎" "고노야로この野郎" 정도가
'욕'의 전부인 '욕빈국' 일본.
그래서인가?
한국인은 '욕'으로 스트레스를 날리고,
일본인은 '칼'로 스트레스를 날리고.
이건 어디까지나 개인적인 추측일 뿐이고.

"고노야로!"
오해는 마시고.
'욕'을 주제로 이야기하다가
일본의 욕이 떠올랐을 뿐이고.
물론 주어는 없고.

◀ 고노 다로河野太郎 일본 홍보본부장 | 2019. 8. 28

139

우짜스가

와르르르

1997년 '도쿄대첩'으로 불리는 월드컵 축구 경기 최종 예선
한일전에서 한국이 일본에 1:0으로 뒤지고 있던 후반,
극적인 동점골에 이어 역전골을 연달아 넣자
당시 송재익 캐스터는 이렇게 외쳤다.
"아, 후지산이 무너지고 있어요!"
아베 신조의 뒤를 이어 제99대 일본의 내각총리대신이 된
스가 요시히데菅義偉. 취임 후 치른 8곳의 선거에서 모두 패하고,
자신의 정치적 고향이자 지역구인 요코하마 시장 선거마저 야당에
넘겨주더니 결국 총리 취임 일 년 만에 자리에서 물러났다.
"아, 스가가 무너지고 있어요!"

스가 요시히데 일본 총리 | 2021. 7. 11 ▶

3

길들인
거북이는
개구리보다
빠르다

부정동맹

당신들은 부정한다. 고로 존재한다

민경욱 전 미래통합당 의원·
도널드 트럼프 전 미합중국 대통령·
황교안 전 미래통합당 의원 | 2020. 11. 12

"부정선거를 규탄한다!"
총선의 고배를 마신 민경욱과
대선의 고배를 마신 트럼프의
국경을 초월한 부정선거 규탄
그리고
뒤늦게 대열에 뛰어든 황교안
국민의 한 사람으로서 그들에게 한마디,
"나는 당신들을 부정한다!"

국무총리님의 역사적인
KTX 탑승을 환영합니다
2016년 3월 20일

의전의 맛
육전의 맛보다 의전의 맛

법무부차관 뒤에서 무릎을 꿇고
흠뻑 비에 젖은 채 우산을 받쳐주는
수행원의 사진이 공개되자,
전 정권의 국무총리였던 황○○ 장로는
21세기 자유대한민국에서 벌어질 수
없는 '황제의전'이며 문재인 정부가
권위주의 정부임을 만천하에 알리는
상징적인 사건이라며 비난을 퍼부었다.

여기서 돌발 퀴즈!

질문 1   서울 구로노인복지회관 방문 당시
노인들이 이용하는 엘리베이터를 독점한 사람은?

질문 2   자신의 자동차가 막히지 않도록
7분 넘게 도로를 통제해
심한 교통 체증을 야기했던 사람은?

질문 3   서울역을 출발하는 KTX를 타기 위해
플랫폼 안까지 관용차를 타고 진입한 사람은?

◀ 황교안 제44대 대한민국 국무총리 | 2021. 8. 31

악마를 보았다
사람은 못 돼도, 괴물은 되지 말자

"자식의 죽음에 대한 세간의 동병상련을 회 쳐먹고, 찜 쪄먹고, 그것도
모자라 뼈까지 발라먹고 진짜 징하게 해 처먹는다."

"개인당 10억의 보상금 받아 이 나라 학생들 안전사고
대비용 기부를 했다는 얘기 못 들었다.
귀하디귀한 사회적 눈물 비용을 개인용으로 다 쌈 싸먹었다.
나 같으면 죽은 자식 아파할까 겁나서라도 그 돈 못 쪼개겠다."

"세월호 자원봉사자와 세월호 유가족이 텐트 안에서 말로
표현할 수 없는 문란한 행위를 했다는 기사를 이미 알고 있다."
– 전 자유한국당 의원 차명진

악마는 프라다를 입고,
인마는 개걸레를 문다.

차명진 전 자유한국당 의원 | 2020. 4. 8 ▶

그의 입을 거치는 순간
모든 것이 악몽이 된다.

구토유발마

악마를 보았다

분노조절장애자 관람불가

묻혀진 진실
묻는다고 묻혀지나?

묻힌 건
8년의 세월이 아니라
진실이다.

형광등을 켜라

이게 최선입니까?

100개의 형광등이 켜지자
100만 개의 촛불이 꺼졌다.

박근혜 씨 | 2021. 12. 24 ▶

오데 갔노

약자한테 손을 뻗어야지 여자한테 손을 뻗으면 우짜노?

제37대 부산광역시 오거돈 시장이 머라켔는지 아나?

"성희롱은 민선 7기에서 뿌리 뽑아야 할 구태이며,
성희롱 문제가 일어날 경우 문제를 일으킨 당사자를
업무에서 바로 배제하고, 가능한 모든 수단과 방법을
동원해 최대한 엄벌할 것이다."

요래 말했다 아이가?

그랬던 그 시장님이 여성 보좌진을 성추행해가
1심에서 징역 3년을 구형받고 법정구속되뼀다.

그래가꼬 마 다음 시장 누가 됐는지 아나?

박형준 아이가?

와이프가 미술대학에 즈그 딸 붙여달라 부정 청탁하고,
박형준 지는 '성추문 거짓 증언 개입' 의혹 억수로 받았다 아이가?

옴마야. 이기이기 대체 머선 일이고?

◀ 오거돈 전 부산광역시 시장 | 2020. 5. 19

별장쇼 탈출
의리가 희망이다

역시 나를 알아보지 못하고 있다.
나의 아우들은 더욱 격렬하게
나를 알아보지 못하고 있다.
다 알지만 결코 모른다고 잡아떼는 극강의 겸손과
다 봤지만 절대 못 봤다고 잡아떼는 불굴의 용기.
우리가 서로를 믿고 사랑하는 데는 다 이유가 있다.

신원불상자 | 2020. 3. 12 ▶

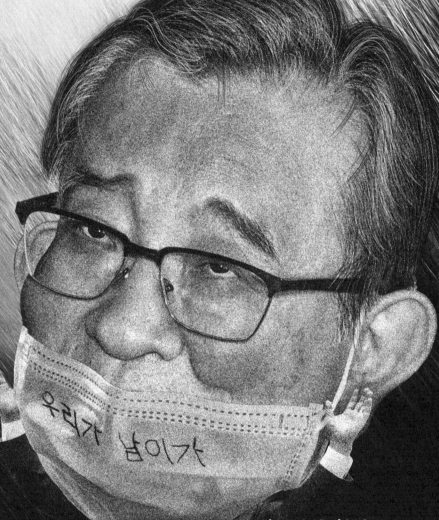

의리가 나를 자유롭게 하리라!

아우들이 나를 알아보지 못할 거란 희망,
그것이 의리다!

별장쇼 탈출

못 알아봐야 개봉

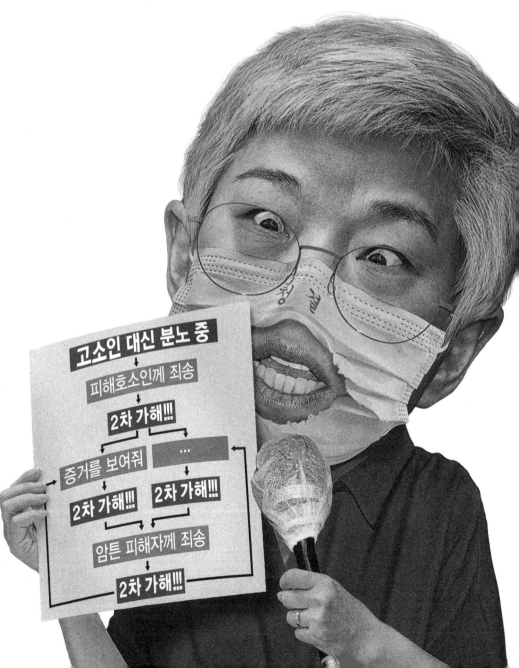

무한루프

할많하못

아무 말도
어떤 말도
하면 안 돼
살고 싶어?
그럼 닥쳐

◀ 김재련 국회사무처 성희롱 성폭력 고충상담창구 자문위원 | 2020. 7. 23

조주비N들
N번방의 좀비들

박사방 조주빈 구속.
그러거나 말거나
'조주빈'들 N차 증식 중.

조주빈 텔레그램 박사방 운영자·조주빈들 | 2020. 4. 3 ▶

의사면허취소!
그것은 피의 복수를
예고한다!!
007 의사면허
덕분에
모파업
Doctor Shield
Doctor Shield
개봉은 너희들 선택에 달렸다

007 의사면허
나 열 받게 하지 마

열 받으면 눈에 보이는 것은 무엇이든 가리지 않고 돌진해
머리로 들이받아 의사계의 '버팔로'로 불리는 닥터 최.
그는 오로지 정의감과 의협심 하나로 머리만큼은 둘째가라면 서러운
대한의사협회 소속 의사들의 머리를 뜨겁게 달구는 데 성공,
회장의 자리까지 오른다. 그는 문재인 정권의 무능과 실정으로
코로나 팬데믹이 확산되고, 존경하는 박근혜 대통령님과
김기춘 비서실장께서 잠깐 자리를 비운 틈을 타
꼭꼭 숨어 있던 빨갱이들까지 기어 나와 자유대한민국을 멍들게 만드는
현실을 바라보며 도무지 밤잠을 이루지 못한다.
그러던 중 친문 여당 의원들이 국회가 금고형 이상의 범죄를 저지른
의사의 면허를 취소하겠다며 의료법 개정안을 상정하는
만행을 저지른다. 이를 저지하기 위해 의사 총파업 카드로 맞섰지만
끝내 실패한 버팔로 최는 이 모든 일이 박근혜 대통령님을
불법 탄핵한 이후 벌어진 일이라는 사실을 깨닫고,
박 대통령님을 구출해서 국가를 대수술하겠다고 마음먹고
대통령 출마를 전격 선언한다.
그리고 곧바로 한미 연합훈련 연기를 주장한 국회의원
74명을 국가보안법 위반 혐의로 고발하고, 청해부대 장병 집단감염
사태의 총책임자인 문재인 대통령을 직무 혐의로 고발한다.
버팔로 닥터 최는 과연 감옥에 있는 박근혜 대통령을 구출하고,
망해가는 조국을 구해낼 수 있을 것인가?

◀ 최대집 제40대 대한의사협회 회장 | 2021. 2. 22

굽신굽신
일단 저도 살고 봐야겠지요?

살아 있는 하나님도
코로나 바이러스 앞에서는
공손해질 수 있다는 사실을 신도들에게 증거하신
'신천지예수교 증거장막성전' 교주님.

이만희 신천지예수교 증거장막성전 총회장 | 2020. 3. 3 ▶

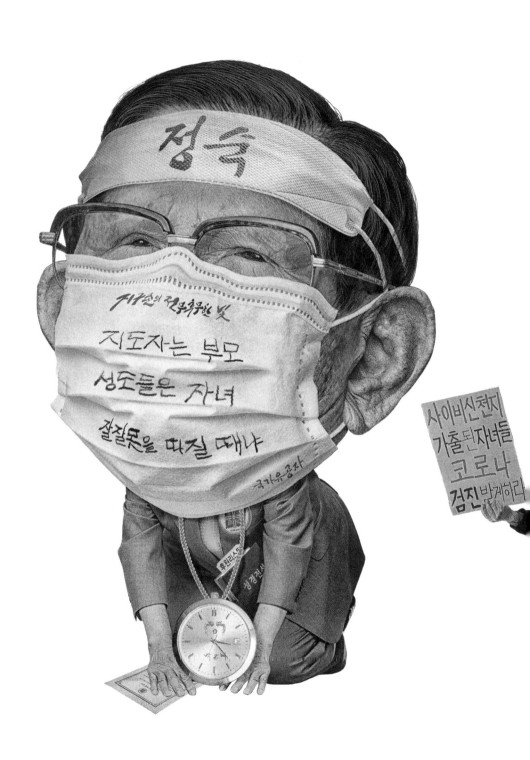

할렐루야
예수님의 이름으로

예배당 불법 도로 점용으로 논란을 일으킨
사랑의교회 오정현 목사님께서
김하나 목사 세습 논란을 일으킨 명성교회 창립 41주년
기념 예배에 참석하시어서 이렇게 설교하시었다.
"마귀는 과거에 집중합니다. 이미 결정된 것을 두고
인생을 더 이상 낭비하지 맙시다."
명성교회의 부자 세습에 반기를 든 신도들은
졸지에 마귀와 동급이 되어버렸다.
"오, 할렐루야."

◀ 김삼환 명성교회 설립자·김하나 명성교회 후계자 | 2021. 7. 18

구강순교
도대체 순교 언제 하실 건데요?

"내가 빤스를 벗으라고 해도 안 벗으면 내 성도가 아니다"라며
여신도들의 간을 보신 '빤스목사님'.

"하나님 꼼짝 마, 하나님. 까불면 나한테 죽어"라며
하나님을 협박하신 '공갈목사님'.

"한 달은 지켜보겠지만 문 대통령이 국가 부정, 거짓 평화통일로
국민을 속이는 행위를 계속하면 한 달 뒤부터는 목숨을 던지겠다.
그야말로 순교할 각오가 돼 있다"라며 자유대한민국을 위해서
급기야 순교까지 불사하시겠다는 '엄포목사님'.

드디어 모두가 손꼽아 기다리던
'목사님'의 순교날이 다가왔는데…
한 달이 지나고
또 한 달이 지나고
다시 한 달이 지나고
"말이 그렇지 뜻이 그래?"라며
계속 생존해 계신 '구강순교목사님'.

전광훈 사랑제일교회 담임목사 · 한국기독교총연합회 대표회장 | 2020. 9. 3 ▶

피곤하다 피곤해
안 도와줘도 되니까 방해만 하지 말아줄래?

'오징어 게임' 만들어 세계 1등.
'두더지 게임' 하면서 방역 1등.

정은경 질병관리청장·기타 등등 | 2020. 8. 19 ▶

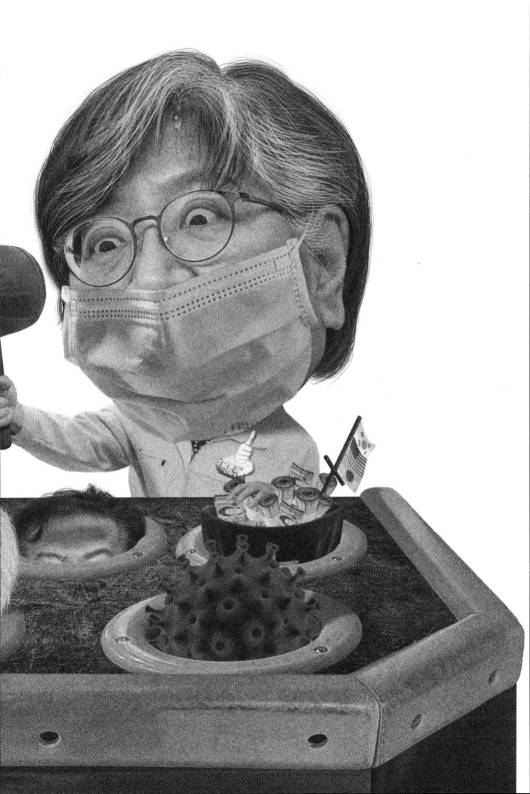

LAWVID-20

박멸하자 COVID! 퇴출하자 LAWVID!

인간계는 COVID-19

사법계는 LAWVID-20

◀ 2020. 12. 23

역사는 흐른다
인간대백과사전 중에서

아름다운 이 땅에 대한민국에
승만 할아버지가 터 잡으시고
친일정신 뜻으로 나라 세우니
대대손손 재밌는 인물도 많아

가족사랑 윤서방 방역 황교안
들락날락 김종인
졸업가운 빌려라 최성해 총장
토끼몰이 곽상도
아까징끼 이은재 빤스내려 전광훈
반성대왕 재용 시대유감 현아
역사는 흐른다

땡진뉴스 진중권 점핑 최재형
유리겔러 김기현
여보떼여 권영진 반자이 석춘
의사손녀 윤주경
언론꿀꺽 최시중 나라꿀꺽 이명박
멸공정신 기춘 법치정신 승태
역사는 흐른다
역사는 흐른다

기권이야?
버티는 자가 이기는 게 아니라
나가버린 자가 지는 게임이지

"기다려, 왕 아직 살아 있다."
"외통수잖아. 계속 우기니까 더 이상 너랑은 장기 못 두겠다."
"뭐야? 왜 일어나? 기권하는 거야? 지금 나가면 지는 거다."
"너 맘대로 생각하세요."
"와! 나갔다!"

추미애 법무부장관 vs. 윤석열 검찰총장 | 2020. 12. 17

강제견인
더 이상의 경고는 생략한다

수차례 경고장을 날렸음에도 불구하고
법이 정한 규정 속도를 무시하고
거주자 우선 주차 구역을 무단 침범해
부정 주차 행위를 일삼은
당신과 당신의 차량을
법과 원칙에 따라
강제 견인하고 차량은 압류조치합니다.

◀ 추미애 법무부장관 vs. 윤석열 검찰총장 | 2020. 7. 3

고스트 버스터즈

캡틴 추가 간다

서리풀들이 무성하게 자라나는 탓에 온갖 종류의 괴상망측한
유령들이 출몰하는 무법천지의 마을로 이사 온 캡틴 추.
밤이면 밤마다 온 동네를 마구 휘젓고 돌아다니며 말썽 피우는
유령들 때문에 편하게 잠을 이루지 못하는 주민들의 원성이
하늘을 찌르자, 그녀는 '유령퇴치회사'를 설립해
천방지축으로 날뛰는 유령들을 잡아들이기로 한다.
하지만 그녀가 유령들을 소탕하면 할수록 정체를
알 수 없는 거대한 자기장으로 인해 유령들의 개체수와 힘이 오히려
드세져만 간다. 그 유령들의 배후에 우두머리 격인 일명
'자이언트 도리'가 버티고 있다는 사실을 뒤늦게 알게 된 캡틴 추.
그동안 잡아들였던 유령들과는 차원이 다른
'자이언트 도리'와 맞서 싸우기 위한 강력한 흡입 무기를
개발하기 시작한다. 오랜 연구와 실험을 거듭하며
수많은 밤을 지새운 끝에 드디어 '자이언트 도리'를 제압할 수 있는
비장의 진공 흡입 무기가 그 위용을 드러내고,
결전의 날이 환하게 밝아온다. 때릴수록 더욱 강해지고,
붙잡을수록 더욱 멀리 도망치는, 지금까지 단 한 번도
만나보지 못한 어처구니 없는 빌런 '자이언트 도리'와
캡틴 추의 손에 땀을 쥐게 만드는 숨 막히는 대결이 시작되고
유명 가수 카피 추추추가 부르는 영화 주제가
「고스트버스터즈려밟고도리도리」가 흘러나오며 긴장감이 극에 달한다.
뚜시궁~

◀ 추미애 법무부장관 | 2020. 10. 31

구인공고
사람을 찾습니다

날뛰는 야생마를 온순하게 길들일 수 있는 사람을 찾습니다.
자격 조건은
첫째, 미친 말의 등 위에서 오랫동안 버텨낼 수 있는 '인내'.
둘째, 날뛰는 말이 지칠 때까지 버틸 수 있는 강인한 '체력'.
셋째, 언제 어디로 튈지 모르는 말을 제압할 수 있는 '두뇌'.
이 세 가지를 모두 갖추신 분에게는
동종업계 최고의 대우를 보장해 드립니다.

임은정 법무부 감찰담당관 | 2021. 3. 4 ▶

목표는 방구防口다
"이거슨 말로 하는 것이 아니여"

"아따 성님, 잉? 언제 그렇게 권투를 다 배왔소?"
"배운 것이 아니라 타고난 것이제.
이 복싱은 말이여.
바람을 가르는 빠른 팔.
쉬이익, 이거슨 입에서 나는 소리가 아니여.
입은 가만히 있자녀
쉬이익."
— 영화「목포는 항구다」중에서

"이거슨 말이여.
복싱이 아니라 박싱이여.
언박싱 말고 박싱.
이 박싱은 말이여.
바람을 가르는 빠른 손.
쉬이익, 이거슨 손에서 나는 소리가 아니여.
손은 가만히 있자녀
쉬이익."
— 영화「목포는 항구다 2 - 목표는 방구防口다」중에서

최강욱 열린우리당 당대표 | 2021. 6. 7 ▶

경찰개혁

나경원
자녀

조국
부인
자녀

곽상도
아들

윤석열
부인
장모

거북이도 가끔은 잽싸게 난다

오 빨라~

야생의 거북이는
달팽이만큼 느리지만,
길들인 거북이는
개구리보다 빠르더군.

◀ 2019. 10. 14

함께
우리는 함께 바다를 건넌다

We are sailing, we are sailing

Home again cross the sea

We are sailing stormy waters

To be near you, to be free

우린 항해하고 있습니다.

저 바다를 건너서 다시 집으로 갑니다.

우리는 폭풍우 치는 바다를 항해하고 있습니다.

당신 곁에 있기 위해, 자유를 위해.

– 로드 스튜어트Rod Stewart의 「항해」Sailing 중에서

2019. 9. 5 ▶

조준, 발사
준비하시고 쏘세요

"준비, 조준, 발사."
지휘관의 말이 떨어지기 무섭게
저격수들의 총구에서 총알이 비 오듯
쏟아져 나왔다.
"드르르륵 드르르륵."
"사격 중지!!!"
지휘관이 소리쳤다.
"아니, 누가 이렇게 한쪽만
쏘랬나?"

저격수가 답했다.
"상사님께서 방금
조국, 발사라고
하지 않으셨습니까?"
어이없는 표정으로
지휘관이 말했다.
"이런 멍청이!
조국 말고
조준!!!"

기자 간담회 후기
모기와 기자

모기가
기자보다 나은 게 뭔지 알아?
적어도 무엇을 물어야 할지 정도는
알고 있다는 거지.
그런데
묻기 전에 뭘 물어야 할지 모르고
물으면서 뭘 묻는지 모르고
물은 다음에 뭘 물었는지 모르면
이렇게 모기꼴 나는 거야.

무려 11시간 동안 이어진
조국 법무부장관 후보자 기자 간담회를 보고 난
소감.

2019. 9. 3 ▶

신위리안치新圍籬安置
언젠가는 너희들 차례가 올 거야

누명을 쓴 죄인이 달아나지 못하도록
칼과 펜으로 울타리를 만들고
그 안에 가두어 둠.

◀ 2021. 6. 18

전직 법무부장관의 프로페셔널한 추격이 시작된다!

상대를 잘못 골랐다!
어떤 용서나 타협도 바라지 마라!

I will find you

장기 상영 중

테이큰

기다려, 내가 너를 반드시 찾아간다

오랫동안 명문 국립대에서 법을 가르치던 조 교수. 정권이 바뀌고
국가의 부름을 받아 공직을 수행하고 있던 어느 날,
지방대학의 교양학부 교수인 그의 아내가
납치당해 감금되는 사건이 벌어진다.
그때부터 약속이라도 한 듯 거의 모든 언론이 그와
가족들의 일거수일투족을 생중계하고,
자신과 관련된 곳은 물론 아무런 관계도 없는 곳으로 들이닥친
검찰들이 닥치는 대로 압수수색을 펼치기 시작한다.
이 모든 일이 마피아 같은 조직의 거대한 비리를 바로잡기 위해
앞장선 자신을 제거하기 위한 윤가의 음모라는 사실을 알게 되고,
심지어 자신의 아내에게 자주 호의를 베풀고, 아내를 돕기 위해
가끔씩 학교로 방문했던 딸에게 용돈까지 쥐여주던 그 대학의
총장이 납치범들과 공모했다는 결정적인 단서가 드러난다.
한편 혼자 살고 있는 딸이 한밤중에 집 앞으로 몰려와
문을 두드리는 사내들로부터 협박당하는 일이 발생하고,
한 신문이 성추행 관련 기사에 아무런 상관도 없는
딸의 실루엣을 버젓이 싣는 일이 벌어졌다.
그는 차곡차곡 모아둔 자료들과 법 지식들을 동원해
자신과 가족들을 망가뜨린 언론들과 윤가 일당을 상대로
목숨을 건 일생일대의 결전을 시작하는데…

◀ 조국 전 법무부장관 | 2020. 8. 28

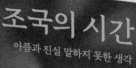

조국의 시간

아픔과 진실 말하지 못한 생각

조국 지음

한길사

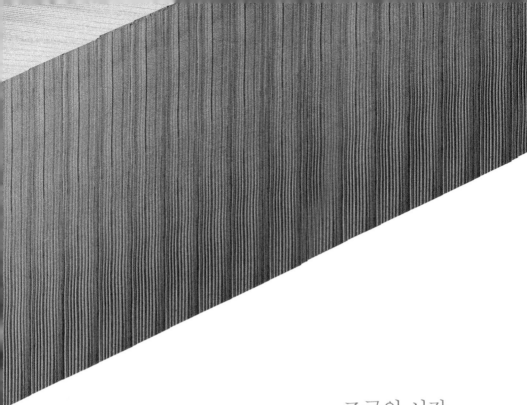

조국의 시간
만회할 시간

"욕되게 생각하지 마시게.
죽어 욕된 것은
만회할 길이 없지만,
살아 욕된 것은
살아서 만회할 수가 있네."

이준익 감독의 영화 「자산어보」 중에서
강진으로 유배를 떠나는 아우 정약용에게
흑산도로 유배를 떠나는 형 자산 정약전이.

◀ 2021. 6. 2

4

그래서
희망이
있다

영화감독 봉준호

대학생 시절 영화 동아리 '빛의 소리' 회원이었던 나는, 동기들과 함께 골방 같은 동아리방에서 당시 쉽게 구하기 힘들었던 세르게이 예이젠시테인의 「전함 포테킨」, 프랑수아 트뤼포의 「400번의 구타」, 구로사와 아키라의 「라쇼몽」 같은, 소위 예술영화—솔직히 재미라고는 전혀 없는—들을 보며 "역쉬!"를 연발하곤 했다. 「변강쇠」 「애마부인」 같은 핑크빛 에로물들로 가득했던 당시 한국 영화판에서 저런 영화를 만드는 거장들이 나온다는 것은, 청계천에서 괴물 '네시'Nessie가 나오는 것보다 어렵다고 생각했다. 나 같은 영화 마니아들이 한마디로 '영화사대주의자'가 되기에 딱 좋은 그런 시절이었다. 그러던 2000년, 제목부터 엉뚱한 영화 한 편이 극장에 걸렸다. 개성 있는 외모와 연기력으로 주목받기 시작한 배두나가 주연으로 나오고 '봉준호'라는 특이한 성을 가진 감독이 연출한 영화 「플란다스의 개」였다. 평단의 호평이 이어지기는 했지만 내 주변에서 그 영화를 봤다는 사람은 거의 없었다. (요즘 식으로 표현하자면 폭망했다.) 동네 비디오숍에서조차 찾는 이가 별로 없었던 그 영화의 감독은 빛의 속도로 잊혀졌다. 하지만 3년이 지난 어느 날, 「살인의 추억」이라는 놀라운 영화로 다시 등장한 그 감독은 「괴물」 「마더」 「설국열차」 「옥자」와 같은, 일찍이 한국에서는 볼 수 없었던 유니크한 영화들을 연달아 내놓더니 2019년, 문제작 「기생충」을 발표했다. 그 영화는 제72회 칸 영화제 '황금종려상'을, 그리고 데뷔 20년이 되던 2020년 제92회 아카데미 영화제 '각본상' '국제영화상' '감독상' '작품상'을 휩쓰는 기염을 토했다. 별만큼이나 많은 감독 중 한 명에 불과하다고 여겼던 그가 단숨에 세계 영화계를 뒤흔든 거장이 된 것이다. 소싯적, 한국 영화의 미래는 없다고 단언했던 나의 경솔함을 반성한다.
"봉준호 감독님 만세!!!"

배우 이기영

영화 「이지 라이더」(1969), 「터미네이터2-심판의 날」(1991),
「캡틴 아메리카」(2011)에는 주인공들이 울퉁불퉁한 근육질의 육중한
할리 데이비슨(Harley-Davidson)을 타고 등장한다. 배우 이기영을 처음
만났을 때 그랬다. 올블랙 가죽점퍼와 라이방(자장면보다는 짜장면,
레이벤보다는 라이방), 그리고 헬멧을 쓴 그가 천둥소리를 닮은 머플러의
굉음과 함께 1991년식 소프테일커스텀을 몰고 나타난 것이다.
1984년 연극 「리어왕」으로 데뷔한 후 지금까지 드라마·연극·영화를
종횡무진 누비며 달려온 37년차 배우다운 등장이었다.
영화 「말아톤」(2005)에서 자폐증을 앓는 주인공 초원이를 가르치는
불량 코치 '정욱'으로, 거의 동시에 촬영한 「달콤한 인생」(2005)에서는
냉혹한 킬러 '오무성'으로, 극과 극의 연기를 보여준 그는 그 후로도
드라마 「자이언츠」(2010)의 중앙정보부 국장 '민홍기', 「배가본드」(2019)의
국정원 심리정보국장 '강주철'과 영화 「낙원의 밤」(2021)의 무기밀매상
'쿠토'까지, 국내에서는 비교 대상을 찾기 힘들 만큼 선 굵은 연기의
개성파 배우로 자리매김했다. 하지만 그의 진면목은 오히려 다른 데
있다. 그와 대화를 나누게 된다면 권투와 태권도를 비롯해 당구, 심지어
사진과 술까지 다양한 분야에 전문가 못지않은 식견을 갖춘 그의 열정에
탄복하게 된다. 특히 모두가 알아주는 주당이었던 그가 이런저런
술모임에 불려다니면서도 수년째 금주를 지키는 모습에는 절로 머리가
숙여진다. 바람 잘 날 없는 대중예술계에서 장수할 수 있었던 데는
대단한 비결이 아닌 철저한 자기 관리가 있었던 것이다. 연기하는
후배들에게 그가 자주 해주는 말이 있다며 내게 들려주었다.
"일 끝나면 술 마시지 말고 곧장 집에 가. 그러면 절대 사고날 일 없어."
"형님, 그거 저 들으라고 하신 말씀이죠?"

배우 안성기

「고래사냥」(1984), 「깊고 푸른 밤」(1985), 「겨울나그네」(1986)를 보며
사춘기의 급류를 건너고, 「칠수와 만수」(1988), 「남부군」(1990),
「하얀 전쟁」(1992)을 보며 청춘의 파도를 넘었던 나는, 이제 배우
안성기가 「라디오스타」(2006)를 찍을 즈음의 나이가 됐으니 어느덧 그의
영화와 함께 나도 나이가 들어버렸다. 영화 속에서나 보던 그를 내가
실제로 만난 것은 2021년 6월 신라호텔 영빈관의 한 행사장에서였다.
3년 전인 2019년 가을, 싱가포르에서 열린 브랜드 로레이 어워드(The
Brand Laureate Awards)의 '퍼스널 아티스트' 부문에서 캐리커처 작가로
수상했던 나는, 서울에서 개최된 이번 행사에서 주최 측으로부터
'레전더리상'을 수상하는 배우 안성기의 공식 캐리커처를 요청받아
직접 캐리커처를 수여하기 위해 그 자리에 참석했던 것이다.
그를 가까이에서 본 것도 모자라 나의 캐리커처를 선물하는 영화와도
같은 순간, 그에게서 한국을 대표하는 전설적인 배우의 아우라 같은
것은 솔직히 느껴지지 않았다. 오히려 경계심이 느껴지는 낯선 사람이
아닌, 집 앞 공원을 산책하다 마주칠 것 같은 이웃집 형에게 느낄 수 있는
편안함이 있었다. 그래서 더 반가웠다. 만일 그가 강렬한 개성이 넘치는
성격파 배우였다면, 범접하기 힘든 포스를 가지고 있었다거나 외모가
천상 배우처럼 수려했다면 결코 그런 친근감을 느끼지는 못했을 것이다.
그가 64년의 세월을 영화계에서 버틸 수 있었던 힘은 어쩌면 그에게만
있는 특유의 평범함이고 그것이야말로 그의 비범함일 수 있겠다는
생각이 든다. 다섯 살에 데뷔해 일흔을 앞둔 올해까지 배우로서
'한 길'을 달려온 배우 안성기. '한길사'에서 출간하는 나의 책에
그를 실을 수 있다는 건 그의 영화를 보며 성장한 나에게도
큰 축복이자 선물이다.

배우 윤여정

'까칠한 할머니, 미국에 가다'
영화 제목 같지만 풍기는 외모 탓에, 또 그동안 출연했던 영화 속
강렬한 캐릭터들 탓에 꼬장꼬장한 이미지가 덧씌워진 배우 윤여정.
그래서 웬만한 감독들의 영화 출연 제의에는 눈길조차 주지 않을
것처럼 보이지만 그건 모르는 사람들의 오해였을 뿐이다.
한국에서는 거의 알려지지 않은 재미교포 영화 감독의 제안을 받아들여,
흥행과도 거리가 멀어 보이는 저예산 영화 한 편을 찍기 위해 미국으로
날아가 자식뻘 배우들과 한 집에서 동거했던 배우가 윤여정이다.
그렇게 촬영했던 소박한 영화 「미나리」를 제93회 아카데미가 주목했고,
심지어 '여우조연상' 수상자로 윤여정을 호명했다. 일흔을 훌쩍 넘긴
배우, 그것도 아시아 작은 나라의 여배우가 오스카상을 거머쥔 심상치
않은 사건이 벌어진 것이다. 불과 일 년 전, 한국이 낳은 불세출의 천재
감독 봉준호가 영화 「기생충」으로 유럽과 미 대륙을 휩쓸었을 때
많은 사람들은 그 성과를 대한민국이 아닌 개인 봉준호의 능력일
뿐이라 생각했다. 하지만 돌이켜 보면 싸이까지인 줄 알았는데 BTS가
있었고, 봉준호가 끝인 줄 알았는데 윤여정이 나왔다. 이 글을 쓰고
있는 동안 넷플릭스용 드라마 「오징어 게임」이 전 세계에서 1위를
했다는 엄청난 소식이 들려온다. IT 현자로 떠오른 한빛미디어 박태웅
의장의 책 제목 『눈 떠보니 선진국』처럼, 눈 떠보니 엄청난 나라가
되어 있는 이 대한민국이 배출한 멋진 배우 윤여정.
그의 수상은 우연이 아닌 당연이라고 해도 좋을 것 같다. 40대의
단역이 없었으면, 70대의 아카데미도 없었을 것이라는 겸손한
소감을 밝힌 윤여정에게서 오늘의 대한민국이 겹쳐 보인다.
이래저래 윤여정에게 제대로 '윤며들고' 있다.

93rd
OSCARS
Awards

가수 한대수

2019년 늦가을, 시카고의 캐리커처 개인전을 마친 나는 그룹전이 열린
뉴욕에 들렀다가 그곳의 지인과 함께 한 뮤지션의 집을 방문했다.
집 안으로 들어서자 거실 벽을 빼곡히 채운 다양한 기타들에 둘러싸인
그가 편한 복장으로 소파에 걸터앉아 있었다. 낯선 이와의 첫 만남이라
어색할 법도 했지만, 그는 나를 종종 만나는 친구 대하듯이 대해줬다.
하지만 지인과 그가 기타를 들고 대화 나누는 모습을 별생각 없이
카메라에 담던 나에게 그가 호통을 쳤다. 허락 없이 사진을 찍었다는
이유였다. 덧붙여 사진을 함부로 SNS에 올렸다가는 고소하겠다는 말과
함께 대신 자기에게 뭘 해줄 거냐고 물었다. 얼떨결에 캐리커처를
한 점 해드리겠다고 하자, 언제 그랬냐는 듯이 부리부리한 눈으로
껄껄 웃으며 OK를 했다. 왠지 당한 것 같은 느낌이 들었다.
호방하지만 호락호락하지 않고, 장난스러워 보이지만
장난이 아닌 한대수의 첫 만남은 이처럼 강렬했다.
하긴 미국에서 멀쩡히 잘 살다가 서슬퍼런 박정희 치하의
한국에 헝크러진 장발머리에 통기타 하나 달랑 들고 자발적으로
들어왔던 그, 음악 문법을 무시한 파격적인 멜로디와 날것의 가사로
엿이나 먹으라는 듯 겁도 없이 '자유'와 '평등', '행복'과 '평화'를 불러
젖힌 그가 아니던가? 한국 최초의 히피이자, '포크 록'의 대부 한대수는
원래부터가 그런 캐릭터였던 것이다. 2집 앨범『고무신』에 수록된 곡
「오면 오고」의 가사 "오면 오고 가면 가고 내 마음 난 몰라"처럼 지금도
그의 영혼이 어디를 오가고 있을지 아무도 모른다. 아마 그 자신은 알까?
분명한 것은 그는 자신을 속박하는 모든 것들과의 싸움을
멈추지 않을 거라는 사실이다. 사랑하는 아내 '옥사나',
훌쩍 커버린 외동딸 '양호'를 제외하면 이 세상에서 그를 속박하는 것은 없다.
그래서 한대수다.

빛과 소금 박성식

짝사랑하던 여자 후배나 교회 누나, 혹은 소개팅으로 만난 이성과 노래방에 간 사내가 그녀들의 환심을 사기 위해 부르는 레퍼토리들이 있다. 임재범의 「너를 위해」라든가, 전인권의 「사랑한 후에」처럼 하나같이 오늘만 쓰고 말 것처럼 성대를 쥐어짜는 '마초'스러운 노래들 말이다. 하지만 「비처럼 음악처럼」을 빼놓으면 섭하다. 불세출의 가수 김현식의 노래로 유명한 이 곡의 진짜 주인공은 한국 시티팝의 원조 '빛과 소금'의 멤버이자, 호서대학교 실용음악과 교수인 박성식이다. 그가 이 「비처럼 음악처럼」을 만든 사연은 한 편의 드라마 같다. 이 곡은 24세의 청년 박성식이 뜨겁게 사랑하던 첫사랑에게 바치는 애절한 러브레터였다고 한다. 하지만 손으로 꾹꾹 눌러 쓴 악보를 받아든 그녀는 끝내 미국으로 떠나버렸고, 이 곡은 잊혀졌다. 그런데 이 곡이 다시 세상으로 나오는 기적 같은 일이 벌어졌다. 1986년에 가수 김현식이 3집 앨범을 내기 위해 그룹 '봄여름가을겨울'을 결성했고, 멤버인 박성식과 김종진(기타), 전태관(드럼), 장기호(베이스), 유재하(건반)에게 음반에 수록될 노래들을 각자 만들어 오게 했는데, 그때 '현식이 형'의 마음을 제일 사로잡은 곡이 바로 「비처럼 음악처럼」이었던 것이다. 김현식의, 김현식에 의한… 아니 박성식의, 박성식에 의한, 김현식을 위한 불후의 명곡이 탄생하는 역사적인 순간이었다.

"비가 내리고 음악이 흐르면 난 당신을 생각해요." 만일 그의 첫사랑이 미국으로 떠나지 않았더라면, 「비처럼 음악처럼」의 김현식은 없었을 것이고, 무엇보다도 이 노래를 듣지 못한 우리는 '비'라는 단어가 없는 '사막' 같은 세상을 살아가고 있었을지도 모른다. 그래서 만일 박성식의 첫사랑 그녀를 만나게 된다면 이 말을 꼭 해주고 싶다.

"미국으로 떠나줘서 고마워요."

그가 최근에 만든 노래 제목으로 한마디 더. "행복해야 해요."

전 축구 국가대표 김병지

컬러풀한 염색머리, 꽁지머리 그리고 헤딩골.
두 발을 잘 써야 살아남는 축구계에서 두발(頭髮)로 인기를 끌더니,
아예 머리로 골까지 넣어 한국프로축구의
새 역사를 쓴 골키퍼. 그리고 4강 신화를 쓴 2002년 한일월드컵을
앞두고 열린 평가전에서 공을 몰고 하프라인까지 내달리는 바람에
심판이 아닌 히딩크 감독에게
레드카드를 받고 골문 대신 벤치를 지킨 흑역사를 쓴 골키퍼.

하지만 웬만한 감독보다도 많은 나이인 마흔여섯 살까지
현역 선수로 뛰면서 K리그 최다인 706경기 출장,
229경기 최다 무실점, 153경기 연속 무교체 출전,
골키퍼 최다인 3득점,
올스타전 역대 최다, 연속 출장 총 16회 등의
전무후무한 기록을 세운
한국축구의 위대한 역사를 쓴 골키퍼.
그가 바로 김병지다.

강진구 기자

2020년 가을, 박재동 화백과 관련된 미투 관련 기사를 올렸다는 이유로
경향신문사는 30년 경력의 탐사 보도 전문기자 강진구에게 정직
처분을 내렸다. 하지만 그는 유튜브 언론사인 열린공감 TV와 연대해
2021년 4·15 재보궐 선거에 출마한 박형준 부산시장 후보자 딸의
홍대 부정입시청탁 사실 폭로, 옵티머스 사기, 윤석열 대통령 후보자
장모 최은순 씨 '은행잔고조작' '불법 대출 사기, 부인 김건희 씨
'도이치모터스 주가 조작' '논문 표절' 등의 의혹을 연달아 폭로하며
오히려 물 만난 고기처럼 탐사 전문기자로서 최고의 전성기를 구가하고
있다. 2021년 8월 경향신문사는 강 기자와 열린공감 TV가 윤석열
부부의 서초동 아크로비스타의 전세 계약에 삼성이 개입했을 것이라는
의혹을 보도하려 하자, 강 기자를 내근 부서인 편집부로 기습 발령냈고
이의를 제기한 그에게 또다시 정직 4개월의 중징계를 내렸다.
하지만 강 기자는 오늘도 별일 없이 잘만 산다. 강 기자를 대신해
경향신문 경영진에게 장기하 노래 한 곡 들려주마.
"니가 깜짝 놀랄 만한 얘기를 들려주마
아마 절대로 기쁘게 듣지는 못할 거다
뭐냐 하면 나는 별일 없이 산다 뭐 별다른 걱정 없다
나는 별일 없이 산다 이렇다 할 고민 없다
니가 들으면 십중팔구 불쾌해질 얘기를 들려주마
오늘밤 절대로 두 다리 쭉 뻗고 잠들진 못할 거다
그게 뭐냐면 나는 별일 없이 산다 뭐 별다른 걱정 없다
나는 별일 없이 산다 이렇다 할 고민 없다."

대기자 변상욱

CBS의 제작 PD로 입사해서 시사 프로그램 제작자, 취재 보도 책임자,
보도국을 거치며 35년 6개월간의 언론사 생활을 마감한
기자 변상욱.
찐기자인 그가 그냥 은퇴하도록 언론사들이 놔둘 리가 만무하다.
'살아 있는 뉴스, 깨어 있는 방송' 24시간 뉴스채널 YTN이
가장 먼저 그를 모셔오는 데 성공,
저녁 종합 뉴스프로그램인 「뉴스가 있는 저녁」의
메인 앵커라는 중책을 맡겼다.
YTN에도, 그에게도 결코 쉽지 않은
시도이자, 동시에 큰 모험이었을 것이다.
오랜 기자생활을 하는 동안 여러 방송과 유튜브 채널의 패널로
출연한 경험은 풍부했지만, 진행자의 역할은 처음이다 보니
주위에서 우려의 목소리가 나오는 건 당연한 일이었다.
하지만 「뉴스가 있는 저녁」은 현재 YTN의 최고 뉴스 맛집으로
자리 잡았고, 결과적으로 그의 영입은 '신의 한수'가 됐다.
"기자는 연필이라 생각합니다. 쓰려면 항상 날카롭고 뾰족하게
깎아야 하고 쓰다보면 또 닳아서 뭉툭해집니다. 그러면 또 깎고
갈아야 합니다. 나이가 들어서 힘 빠지고 머리가 희어져도 기자는
끊임없이 자기 자신을 깎고 갈아놓아야 합니다.
그래서 기자는 연필이라 생각합니다."
오래전 그가 한 언론사와 인터뷰했던 말이다.
오랫동안 검도를 연마해온 그의 말마따나 그에게는
연필이 곧 검이고, 검이 곧 연필이다.

미국 뉴욕주 변호사 김기태

"영화 「배트맨 다크나이트」의 '조커'가 진짜 무서운 이유는
그가 항상 웃고 있기 때문이지."
김기태 미국 뉴욕주 변호사. 그는 국내에서 미국 변호사 시험을
준비하는 수강생들을 가르치는 'KTK 미국 로스쿨 아카데미'를
운영하고 있다. 하지만 그의 또 다른 정체는 '시민운동가'다.
박근혜 대통령의 탄핵을 촉구하는 촛불집회 당시 '시민나팔부대'를
이끌었고, '가습기 살균제 참사' 피해자들을 위한 전국네트워크의
공동운영위원장으로 가습기 살균제 참사의 실상을 세상에 알리는 데
앞장섰던 그는, 문재인 대통령과 피해자들의 2차 면담을 요구하는
10박 11일의 단독 자전거 국토종주를 단행한 끝에 결국 2019년 7월
23일, 가해 기업인 'SK케미칼'과 '애경산업'의 책임자 34명이 기소되는
쾌거를 이끌어냈다. 또한 2018년부터는 우리 사회의 각종 불합리한
사회부조리와 불공정 문제를 정상화시키기 위한 시민연대 '함께'의
공동대표로, 안진걸 민생경제연구소장 등과 함께 국민의힘 나경원
전 의원의 자녀 특혜 문제와 박덕흠 의원의 부동산 투기 문제 등 갖은
비리에 연루된 공직자들과 정치인들을 법원에 고발해오고 있다.
이처럼 우리 사회의 수많은 부정부패 세력들과 맞서 싸우고 있다고 해서
그가 항상 분노로 가득 차 있을 것이라고 생각하면 오산이다.
웃음기 머금은 그의 두 눈은 오히려 장난기로 가득하며, 시베리아
벌판 같은 그의 이마를 보고 있노라면 절로 기분이 유쾌해지고 무장이
해제된다. 오늘도 웃으면서 '고발장'을 날리는 김기태 변호사.
적폐들에게는 치가 떨리는 '방해꾼'이지만, 우리 시민들에게는 그
누구와도 바꿀 수 없는 든든한 '파수꾼'이다.

민생경제연구소장 안진걸

어디선가 무슨 일이 생기면 어김없이 나타나는 홍 반장.
아니 안 반장. 안진걸 민생경제연구소장은 어제도 바빴고, 오늘도
바쁘다. 그에게는 미안한 말이지만 그럼에도 불구하고 그는 내일도
바빠야 한다. 그가 바빠야 시민들이 한시름 놓을 수 있기 때문이다.
이미 그는 우리 사회의 '필수 비타민'이 되어 버렸다. 물론 이 모든
것은 어디까지나 그의 책임이다. 군대도, 사회도 줄을 잘 서야 한다는데
법대를 나온 그가 고시원 대신 찾아간 곳은 '참여연대'였다.
경로 수정 버튼이 없는 내비게이션처럼 그의 목적지는 그때 결정나 버린
것이 아닐까? 참여연대의 시민권리국 간사일을 시작으로 시민참여팀장,
민생팀장, 협동사무처장, 사무처장, 시민위원장을 지냈고, 박원순 전
서울시장의 주도하에 출범한 '희망제작소'에서 사회창안팀장으로 일한
그는 때로는 명석한 '브레인'으로, 때로는 저돌적인 '돌격대'로 두각을
나타내며 청춘을 뜨겁게 불태웠다. 하지만 2008년 미국산 광우병 위험
대응집회 당시 야간 집회를 기획해 구속되고, 퇴진행동 대변인으로
활동하던 촛불시민혁명 때는 이명박·박근혜 정권의 검·경으로부터
스무 번이 넘게 소환되는 대가를 치러야 했다. 이처럼 수많은 집회와
시위를 기획하고, 민·형사 소송과 고발을 당하면서도 그가 지치지
않고 적폐청산, 검찰·언론개혁을 외치는 이유, 그러면서도 '민생' 문제
해결을 위해 동분서주하는 이유는 바로 '서민'의 '서민'에 의한 '서민'을
위한 세상을 꿈꾸기 때문이다. (기생충 학자 '서민'은 오해하지 마시라.
당신 얘기 아니다.) 만일 당신이 스파이더맨에게 누구냐고 묻는다면
그는 이렇게 대답할 것이다.
"당신의 다정한 이웃, 스파이더맨."
만일 당신이 안진걸에게 누구냐고 묻는다면 그는 이렇게 답할 것이다.
"당신의 다정한 이웃, 안 반장."

유로코 트래블 대표 서태원

아리랑 FM 라디오 「Jumping Hopping Tour」, KBS 「세상은 넓다」
'아이슬란드' '크로아티아' '북극권 핀마르크' '독일 노르데나우'
등 11편과 EBS 「세계테마기행」 '오스트리아' 편 등 여행 관련 방송
프로그램마다 단골 손님으로 출연하며, 네이버 파워지식인 (2010년 유럽
부문 집필지식 1위) 지식활동대로 선정되는 등 명실상부 대한민국 최고의
유럽여행 전문가로 손꼽히는 서태원 '유로코 트래블' 대표. 한국외대
정치외교학과를 졸업한 그는 문화관광부 국외여행인솔자격을 취득하고
곧바로 여행과 무역을 병행하는 회사 EuroKor Trade & Travel을 차렸고,
대외경제정책연구원의 동유럽 전문가과정을 이수했다.
100여 회의 단체유럽여행 및 공공기관 국외연수 기획 및 인솔자로
활동하면서, 제15차 모의 UN총회 의장, 제17·18차 세계 잼버리대회
통역가, 그리스에서 열린 한국여기자협회 이슈포럼의 진행자로
발탁되는 등 유럽에 관한 한 그 누구도 범접할 수 없는
족적을 남겼다. 하지만 막힘없이 질주할 것만 같은 그의 앞에 찾아온
절체절명의 위기. 전대미문의 코로나 팬데믹 사태가
천하의 서태원마저 꽁꽁 묶어버렸다.
그러나 그가 누구인가? 외모에서 드러나는 것처럼
난관에 부딪힐지언정 결코 좌절하지 않는 강철 심장을 장착한 그는,
비록 지금은 가파른 내리막길을 걷고 있지만 금세 치고 올라갈 것이다.
잠시 COVID라는 이름의 롤러코스터를 탔을 뿐이다.
봄이 오면 그는 예전의 서태원으로 돌아갈 것이다.
"나 다시 돌아갈래."
아니지 "당신, 다시 돌아갈 거야."

인문학자 김민웅

박근혜 정부 몰락의 분수령이 된 2016년의 촛불집회는 평화적 혁명의
상징이 되었다. 이로써 촛불정부를 세운 이후 시민들은 적폐청산의
과정을 감당해나가면서 마침내 정치검찰의 횡포에 분노하기 시작했다.
2019년, 더는 이들의 난동을 두고 볼 수 없었던 시민들이 일제히
촛불을 들고 서초동으로 쏟아져 나왔다. 그 당시 거리를 가득 메운
시민들의 촛불을 횃불로 만든 열혈 연사가 한 명 있었으니,
그가 바로 전 경희대 미래문명원 김민웅 교수였다.
그는 아무도 미처 알아차리지 못하고 있을 때 '검찰 쿠데타'를
정확히 짚어내 모두의 경각심을 일찍 일깨웠다.
수만 명의 군중 앞에 마련된 무대에 올라 마이크 앞에 선 그가 주먹을
불끈 쥐고 백발을 휘날리면서 정치검찰, 조·중·동 같은 적폐세력들을
하나하나 짚어가며 호통칠 때마다, 그리고 시민들의 열정을 불러일으킬
때마다 적폐청산을 외치는 시민들의 함성이 광장을 뒤덮었고,
그의 목소리가 얼이 빠진 채 그 속에 섞여 있던 내 귀를 세차게
두드리며 새가슴이던 나의 심장까지 벅차오르게 만들었다.
나라를 거덜낸 이명박 대통령과 박근혜 대통령은 결국 구속됐다.
하지만 여전히 적폐언론, 정치검찰과 위정세력들은 그들만의
운동장 안에서 똘똘 뭉쳐 국민들이 쟁취한 민주주의를 유린하며
악착같이 민중의 고혈을 빨아먹고 있다. 윤석열 검찰총장과
최재형 감사원장 같은 자들은 고위 공직자로서의 의무를 저버린 채
자신들을 뽑아준 정권을 심판하겠다며 임기 중에 사표를 던지고,
대통령과 이 정부를 향해 패륜적인 망동을 보여주고 있다.
하지만 다행스럽게도 백기완 선생이 가고 없는 자리에, 행동하는
이 시대의 지식인이자 큰 등대, 김민웅 교수가 왔다.
그래서 희망이 있다.

호사카 유지 세종대 대우교수

대한민국 서울특별시 광진구 능동로에 가면 세종대학교가 있고,
그곳에 가면 '한국인보다 더 한국인 같은 일본인'
호사카 유지 교수가 있다.

'명성황후 시해사건'에 대해 알게 된 것을 계기로
한국으로 유학 와서 조선 말기부터 일제강점기까지의
한·일 문제를 연구하고, 독도 영유권과 역사 교과서 왜곡 등
한국과 일본에 얽힌 양국의 역사를 연구하다가
아예 한국인으로 귀화한 그는
더 이상 '한국인보다 더 한국인 같은 일본인'이 아니라
찐한국인이다.

투사 백기완

한평생 민주주의와 한반도의 평화통일을 위해 앞장섰던 '재야 운동의 대부' 백기완 통일문제연구소 소장이 오랜 투병 끝에 2021년 2월 15일 영면했다. 내가 그를 처음 본 것은 대학교 1학년 때였던 것으로 기억한다. 전두환 독재가 막을 내리고 노태우 정부가 들어선 지 얼마 지나지 않았을 때였다. 당시에 그는 내가 다니던 학교로 초청강연을 하기 위해 방문했다. 그를 직접 보기 위해 찾아온 학생들로 강의실이 가득 찼다. 상징이 된 검은 두루마기를 입고, 백발을 휘날리며 독재 타도를 외치던 쩌렁쩌렁한 목소리가 아직도 귀에 쟁쟁하다. 전쟁 직후인 1954년부터 농민운동을 비롯해 각종 사회운동에 뛰어들기 시작했던 그는 1964년에 한일협정 반대투쟁에 참가하고, 박정희의 독재 정권에 3선 개헌 반대로 맞서는 등 민주화 운동의 최전선에 서 있었던 살아 있는 신화 그 자체였다. 하지만 그는 『장산곶매 이야기』 『버선발 이야기』 등을 쓴 소설가였으며, 「항일민족론」 「사랑도 명예도 이름도 남김없이」 「두 어른」 등의 따스하고 유려한 수필을 써낸 문필가이기도 했다. 특히 그는 '달동네' '새내기' '동아리' 같은 순수 우리말을 대중적으로 정착시킨 국어 순화론자였다. 시위가 열리는 광장에서나 불리던 「임을 위한 행진곡」은 그가 지은 장편시 『묏비나리: 젊은 남녘의 춤꾼에게 띄우는』의 일부분을 차용해 만들어진 곡으로, 문재인 정부 들어서 국가 행사장에서까지 불리는 시대와 이념을 초월한 명곡이 되었다. 독재 저항의 상징이자, 대중을 압도하는 명연설가로, 무엇보다도 아름다운 우리말을 사랑했던 백기완 선생님. 이승에서의 고된 짐을 내려놓고 부디 영면하시기를 바란다.

대한독립군 총사령관 홍범도

'백두산 호랑이'로 불리며 일본군의 간담을 서늘케 했던 대한독립군
총사령관으로, 청산리 대첩과 봉오동 전투의 대승을 이끈 홍범도
장군. 한때 천하를 호령하던 그는 1937년 스탈린 정권의 한인
강제이주정책으로 연해주 등지에서 집단농장 생활을 했고,
카자흐스탄으로 이주해 극장 경비 업무를 보는 등 어려운 삶을
이어갔다. 그리고 끝내 조국의 해방을 보지 못한 채 75세를 일기로
쓸쓸히 눈을 감았다. 서거한 지 78년이 지난 2021년 8월 15일, 조국의
품으로 돌아온 그의 유해는 대전 국립현충원 독립유공자 묘역에
안장됐고, 문재인 정부는 그에게 독립유공자 1급 훈장인 건국훈장
대한민국장을 추서했다. 하지만 여전히 힘겨운 삶을 이어오고 있는
수많은 독립운동가들의 후손들과 달리, 미처 청산되지 않은 친일파의
후손들이 이들을 조롱하면서 정·재계를 주무르고 심지어 막대한 재산을
물려받고 부를 대물림하고 있는 21세기의 대한한국.
그의 유해 봉환이 한낱 이벤트로 그치는 것이 아닌 역사바로세우기의
커다란 이정표가 되길 희망한다.

인천경제자유구역청 서기관 안도현

『그래 떠나 안도현처럼』의 저자 안도현.
그는 자신의 책 제목처럼 20대에 떠난 미국 유학을 시작으로 최근까지
해외 76개국을 떠다녔다. 경기도 투자유치 공무원으로 활동하며 한국에
이케아를 유치했고, 세계 1위의 프랑스 스포츠 유통기업 데카트롱의
한국과 동남아 개발 총괄 임원으로 활동하며 최단기간 말레이시아
데카트롱 몰 최대 오픈 기록을 세웠으며 한국관광공사, 강원도청,
말레이시아 투자청 자문관을 거쳐 삼성물산 해외개발사업팀에서
전략을 수립하는 등 일일이 셀 수도 없을 만큼 활동무대를 종횡무진하며
넘나들었으니 그의 점프력(?) 하나만큼은 타의 추종을 불허할 것이다.
사실 '꾸준함' '진득함'의 미덕을 중시하는 정서가 뿌리 깊은 한국적
시각에서 한곳에 가만히 있지 않고 이리저리 자리를 옮겨다니는
그를 두고 '인간 메뚜기인가?' '변덕이 심한가?' '인간 관계가 안
좋은가?' '사고뭉치인가?' 등의 꼬리표가 늘 따라붙지만 그런 우려와는
달리 지금까지 그가 거둔 성과는 늘 결과로 말해왔다.
비대면 심사평가플랫폼 ㈜IRO를 창업해 다양한 전문가들의 심사를
거쳐 우수한 제품을 해외 바이어들과 이어주는 교두보 역할을 하고
있고, 세계브랜드재단이 주관하는 '브랜드 로레이'의 한국 대표로
한국의 우수한 브랜드를 세계에 널리 알리는 선봉장 역할을 하고 있다.
최근에는 인천경제자유구역청의 서기관으로
또 한 번의 새로운 출발을 했다.
'자리'보다 '자신'을 믿는 자. 그는 도도히 흐르는 강물이
아니라, 요란한 굉음을 내는 거친 계곡물이다.

(주)청초수 대표이사 김진성

한때 촉망받던 청소년 국가대표 축구선수였다가 현재는 강원도의
요식업계를 대표하는 사업가로 변신한 (주)청초수 김진성 대표.
그가 운영하는 '청초수물회'는 평균 한 시간을 기다려야 겨우
맛볼 수 있는 속초의 명물이자 '물회' 맛집으로 유명하다.
동해 바다를 담은 청초호가 한눈에 내려다보이는 전망 좋은 곳에
자리 잡은 그의 식당은 전국의 자영업자들을 아비규환으로 몰아넣은
COVID-19의 깊은 수렁 속에서도 연매출 200억 원 이상을 꾸준히
올리는 불패신화를 이어 오고 있다. 그의 식당으로 들어서면 1층의
넓은 카페와 함께 추억을 소환하는 회전목마가 인상적인 야외 테라스가
꾸며져 있다. 한마디로 역발상이다. 그 어느 곳에서도 맛볼 수 없는
특허받은 '해전물회'의 맛을 보기 위해 전국 각지에서 찾아온 고객들이
번호표를 뽑고 하릴없이 호명을 기다리는 동안 편하게 앉아서 쉴 수
있는 공간을 마련한 것으로, 고객의 불편함을 조금이라도 덜어주기 위한
그의 '고객 중심' 철학을 단번에 엿볼 수 있다. 수많은 유명인사들의
방문 사인과 그림들이 걸려 있는 그의 식당에서 가장 눈길을 끄는 건
'슬레이트 지붕의 허름한 단층 건물'이 찍혀 있는 빛바랜 사진이다.
지금이야 네 곳의 직영점에서 100여 명의 정직원들이 분주하게
움직이는 기업형 식당으로 성장했지만, 이렇게 되기까지
무려 18년의 세월이 지났다는 것을 알게 되면 절로 숙연해진다.
청초수의 '역사'를 뚜벅뚜벅 써내려온 그의 의지와 자부심이 사진 속에
고스란히 저장되어 있다. 매년 연말이 다가오면 (주)청초수가 반드시
챙기는 중요한 행사가 있다. 속초 지역의 소외된 이웃들과
저소득층 학생들을 위한 장학금 전달 행사가 바로 그것이다.
성공한 '사업가'인 그에게 단지 '돈' 냄새가 아닌,
'사람'의 향기가 물씬 배어나는 데는 다 이유가 있다.

아이월드 대표 신희영

20대 중반에 무작정 떡카페를 시작했던 신희영 아이월드 대표. 바로 건너편에 이미 오래된 떡집이 있었기 때문에 무슨 생각으로 열었을까 싶지만 신 대표의 강력한 무기는 남다른 친화력과 근자감 (근거 없는 자신감)이었다. 건너편 떡집과 달리 예쁜 포장지에 떡을 담아 진열했고 심지어 가격까지 더 높았지만 그게 입소문이 나면서 이른바 대박이 났다. 당시만 해도 신용카드가 지금처럼 보편화되어 있지 않을 때여서 밤마다 들고 온 현금을 세는 즐거움에 힘든 줄도 몰랐다는 신 대표. 떡카페를 열면서 나름대로 세워 둔 목표치를 달성하자 과감하게 서울 생활을 접고 오랜 꿈이던 제주에서의 삶을 시작했다. 그게 25년 전이었다. 일찌감치 사업에 재능이 있다는 확신을 가지고 있던 신 대표는 그곳에 내려가자마자 프랜차이즈 개념을 도입해 어린이들을 대상으로 한 교육사업을 시작했는데 그게 또 히트를 쳤다. 학구열이 남다른 신 대표는 지금까지 로봇코딩교사, 건축상담사, 미술치료사 등 약 30여 개가 넘는 자격증을 획득했고, 『유튜브로 부자되는 초보자의 밥벌이』라는 유튜버 입문서 등 여러 권의 책을 출간한 저자이기도 하다. 덕분에 여성발명왕과 신지식인상도 수상했다. 그리고 한국 최고의 3D 프린트 기술을 가지고 있는 '아바타 월드'에 투자해 사업영역을 확장시켰다. 또한 예술 투자에도 관심이 높아 현재 제주시에 직접 자신의 건물을 리모델링한 갤러리를 운영하고 있다. 괸당문화가 뿌리 깊은 제주도에 정착해 사업가로 당당하게 뿌리를 내리며 바람의 고도古島 제주에서 바람을 일으킨 신희영 대표. 내일은 또 어떤 신申바람을 일으킬지 기대해본다.

(주)석컴퍼니 대표 송기석

제주 구도심의 향토 카페 '솔트스톤'에 들어서면 다이아몬드를 연상케
하는 엠블럼과 함께 쓰여진 인상적인 문구가 한눈에 들어온다.
'제주돌이 소금을 만들고, 그 소금이 바닷물이 되어 제주가 되었다.'
마치 제주도의 기원을 연상하게 만드는 이 카피라이트의 주인공은
(주)석컴퍼니의 대표 송기석이다. 제주도의 형상을 닮은 구엄리 돌염전에서
영감을 얻어 지금까지 없었던 제주의 탄생 설화를 만들어낸 것이다.
그런 스토리텔링을 집대성해 론칭한 카페 '솔트스톤'에는 '현무암 색'을
형상화한 '블랙스톤', 마시는 동안 한 편의 짜릿한 영화를 본 것 같은
착각을 불러일으키는 '해피 투게더', '제주돌'을 표현한 '제주밭담라떼'
등 창의적인 맛과 이름의 메이드 인 송기석 커피들을 체험할 수 있다.
한때 그는 서울에서 꿈의 직장으로 불리는 마사회와 삼성SDS에 몸을
담기도 했다. 하지만 자신이 꿈꾸는 세상을 스스로 만들기 위해 다시
제주도로 내려온 그는 모아둔 종잣돈에 융자금을 더하고도 자금이
부족, 직접 건축일을 배워가며 한방과 결합한 비만클리닉이 있는
2층짜리 건물을 직접 세웠다. 건물에 거처를 두고 이른 새벽 인근의 모든
아파트를 일일이 돌면서 집집마다 전단지를 붙이며 사업을 밀어붙인
결과, 불과 몇 달 만에 수억대의 매출을 올리는 쾌거를 이뤄냈다. 광활한
바다가 사방으로 펼쳐진 섬 제주에서 나고 자란 그의 심장으로 용암처럼
끓어오르던 개척자의 피가 폭발한 것이다. 홍콩의 전설적인 영화배우
장국영이 제주에서 환생했나 싶을 정도로 눈부시게 잘생긴 남자 송기석.
하지만 그가 살아온 청춘의 분투기를 알게 된다면 요즘 말로 외모는
그저 거들 뿐이라는 것을 깨닫게 될 것이다. 뇌와 심장까지도 잘생겼을
것만 같은 그는 스티브 잡스의 통섭적인 뇌, 앨런 머스크의 8기통 같은
심장을 남몰래 이식한 것은 아닐까? '송기석이 브랜드를 만들고 그
브랜드가 제주도가 되어 역사가 되었다'라고 쓰여질 날이 멀지 않았다.

에코락 갤러리 대표 장현근

'봉산개도'逢山開道, 산을 만나면 길을 낸다.
증권사의 주식채권 전문가와 홈쇼핑의 전략·영업담당 임원을 두루
거친 장현근 대표. 그가 하림그룹 산하의 여신금융회사
'에코캐피탈'의 전문경영인 자리에 오르자 모두들
그가 더 이상 '딴생각'을 하는 일은 없을 것이라고 내다봤다.
하지만 그는 또다시 모두의 허를 찌르는 대형 '사고'를 친다. 틈틈이
예술 서적을 독파하던 그가 금융과 예술의 결합이 미래의 새로운
융합산업이 될 수 있다고 예측하고 '에코락 갤러리'를 오픈한 것이다.
동시에 세계 최초로 '미술품 할부금융 상품'을 출시해 금감원에
부수업무로 지정받아 그 누구도 시도하지 못했던 '미술품 60개월
무이자 할부 판매' 방식을 도입했다. 그 결과 2021년 12월 현재
2,172명의 젊은 작가들과 3만 2,300여 점의 작품이 갤러리 플랫폼에
등록되어 있고, 개관 5년 만에 1,509점을 판매하여 19억 1,000만 원의
실적을 올렸다. 또한 등록된 작가의 작품들과 작품 실거래가를 투명
공개하는 국내 최초 미술품 실거래가 조회 앱 '미술품 거래소'를 출시,
누구나 믿고 그림을 소장할 수 있는 '컬렉터'의 길을 터줬다. 거침없지만
치밀한 그의 전략이 또 한 번 잭팟을 터뜨린 것이다. 최근 갤러리를 고양
스타필드 맞은편으로 이전, 그 지역을 예술 마을인 한국의 '퐁텐블로'로
조성하는 원대한 구상을 세우고 있다. 또한 고대사를 새롭게 해석,
그리스 신화 속의 여전사 부족인 '아마조네스'의 후손들이 동진해
환웅의 배달국과 통합했다는 '고조선 기원설'을 미술 작품화하는 일명
'원더우먼' 프로젝트를 기획해 작가와 계약까지 맺었다.
작품은 이미 사전에 완관되었다고 한다. 누가 덩치 큰 곰이
미련하다고 했나? 엄청난 체구에서도 깃털처럼 유연한 사고가
가능하다는 것을 그가 증명하고 있다.

신원국제특허법률사무소 대표 허성원

삼성전자 등 다양한 기업들의 특허 출원과 분쟁 업무를 비롯해 기업의
기술적 역량 구축과 확장, 변경과 관련한 전문 컨설팅을 해온 허성원
변리사. 신원국제특허법률사무소 대표 변리사가 명함에 새겨진 그의
공식 직함이다. 날카로운 분석력과 사이다 같은 솔루션, 족집게 같은
예측으로 기업이 가야 할 방향을 제시하는 데 탁월한 변리사인 그는,
동시에 기업의 경영자들 사이에서 명강사로도 통한다. 특허 업무의
전문성과 다양한 경험을 바탕으로 한 '특허 전략 경영'이 강연의 주요
테마인데, 그 강연이 예사롭지 않은 이유는 그 자신이 경영인으로서
겪어왔던 풍부한 실무 경험에 동서고금을 자유롭게 넘나드는 인문학적
통찰력을 곁들여 독창적으로 이야기를 풀어내기 때문일 것이다.
그 내용이 궁금하다면 유튜브에 올라와 있는 그의 강의 동영상이나
『경남신문』 등에 실린 칼럼들을 통해서도 확인해볼 수 있다.
하지만 그의 진가는 사무실과 명함의 바깥에서 더욱 빛을 발한다.
그에게는 사람들이 자신을 따르게 만드는 특별한 능력이 있다.
그것은 결코 강력한 카리스마 때문이 아니다. 한 번이라도
그를 만나본 사람들은 그 끌림의 원천이 특유의 온화함과
배려심에서 비롯되었다는 것을 알게 된다. 마치 은행의 번호표를 뽑고
차례를 기다리는 사람들처럼 그를 만나고 싶어 하는 사람들이
차고 넘치는 이유이기도 하다.
'이문회우 이우보인'以文會友 以友輔仁
(학문을 통해 벗을 만나고, 벗을 통해서 자신의 인덕을 돕는다.)
그의 트위터 대문에 올려져 있는 문구다.
오늘 그에게 이렇게 문자를 보내려 한다.
"부디 잠시라도 알현의 시간을 내어 주신다면
성원이 망극하겠나이다."

"두 가지 기업이 있다. 변화하는 기업과 사라지는 기업!"

(주)코모스유통 대표 이봉기

스포츠의 진짜 묘미는 강팀이 약팀에게 지거나, 거꾸로 약팀이 강팀을 이기는 극적인 반전에 있다. (주)코모스유통의 이봉기 대표가 살아온 인생도 그렇다. 소위 잘나가는 동급생들에 비하면 보잘것없는 작은 무역회사에서 말단 사원으로 사회생활을 시작했지만, 그 시절의 친구들이 대부분 은퇴한 지금도 그는 왕성한 현역으로 활동하고 있다. 물건의 가치를 알아보는 특유의 '안목'과 저돌적인 '돌파' 정신으로 자신의 역사를 만든 그는 이후 파버카스텔을 비롯해 다양한 고급 문구류를 수입·판매하는 명실상부한 강소기업으로 회사를 성장시켰다.

특히 직원 중심의 사내 복지에 아낌없는 투자를 한 덕에 코모스의 사원들은 마치 자신이 오너인 것처럼 자발적으로 회사를 이끌어가고 있다. 그 덕에 그는 예전처럼 회사에만 매달리지 않는다. 음악 애호가답게 해마다 열리는 클래식과 국악 행사에 꾸준히 협찬하며 기업의 '사회적 책임'에도 힘을 쏟고 있다. 인생의 전반전을 '돌직구'처럼 보낸 그는, 후반전을 맞은 지금은 '슬로 커브'의 미덕을 즐기고 있다. 주말이면 자신만의 '놀이터'인 용문산이 한눈에 바라다 보이는 풍광 좋은 세컨하우스로 달려간다. 그곳은 그가 항상 함께하는 회사와 가족으로부터 벗어나 오로지 자신과 마주하는 유일한 공간이다.

종종 지인들에게도 용문산의 세컨하우스로 놀러오라고 권한다. 그곳에 간다면 심혈을 기울여 꾸민 리스닝룸에서 마치 커피를 내리는 바리스타처럼 국악이나 클래식 LP판을 섬세한 턴테이블에 얹어 들려주거나, 철저한 채식주의자로 직접 만든 맛깔스러운 음식들을 내어 주는 그를 만날 수 있을 것이다. 그의 기쁨에 동참하고 싶다면 이번 주말의 약속을 취소하고 당장 용문으로 가시라. 절대 후회하지 않을 것이다.

ALPS 대표 이선용

영화건 소설이건 예상을 빗나가는 스토리가 전개될 때 빠져들게 된다.
사람도 마찬가지다. 예측이 불가능한 사람에게는 강력한 매력이 있다.
내가 이선용 대표를 처음 만났을 때 그는 색소폰 연주자였다.
그 뒤에 만났을 때 그는 사진가로 변신해 있었고, 다시 또 만났을 때는 세
장의 음반을 낸 뮤지션이 되어 있었다. 도대체 이 사람의 진짜
정체는 무엇이란 말인가? 그는 대학 시절 최연소로 행정고시(21회)에
합격했다. 대학 졸업 후 시작한 공직에 있을 때 미국으로 건너가
인디애나 대학교에서 정책학 박사학위를 받고 귀국 후 공직 수행 중
틈나는 대로 야간에 국내 여러 대학교의 대학원 과정에서 전공분야인
환경정책학의 이론과 실제를 가르쳤다. 예술가의 끼가 넘치는 그에게
공무원이란 늘 '몸에 맞지 않은 옷'과 같았을 것이다. 원하는 대로 잘
놀아보기 위해 21년 만에 공무원의 옷을 벗어 던진 그는 환경벤처회사인
팬지아 대표와 부강테크 회장을 지내며 KAIST 테크노경영대학원의
겸직교수로 재직하다가 다시 대통령실 환경비서관으로 6개월간의 공직
생활을 하는 '거침없는 인생역정'을 거쳐왔다. 이후 율촌법무법인의
고문을 거쳐 6년 전 대관 업무를 하는 알프스ALPS 행정사무소를
설립했다. 그의 회사에 가보면 집무실보다 훨씬 넓은 자리를 차지하는
공간이 있다. 수백 병의 와인이 저장된 셀러가 가장 먼저 눈에 들어오는
그곳엔 키보드와 드럼, 일렉트릭 기타와 색소폰을 연주하는 스테이지는
물론이고 작사·작곡하며 음악을 만드는 녹음실까지 갖춰져 있다.
그에게는 사무실이 놀이터인 셈이다. 아마도 먼 훗날 "우물쭈물하다 내
이럴 줄 알았다"고 쓰여진 버나드 쇼의 묘비명과 반대로 그의 묘비명엔
이런 문구가 쓰여 있지 않을까? "하고 싶은 것 다 하고 가다."
한 시대를 풍미하던 주위의 동료들이 거의 은퇴하기 시작한 지금,
인생을 즐기는 법을 터득한 그는 영원한 현역이다.

상명대 디지털만화영상과 교수 고경일

'풍경화가' '카투니스트' '풍자만화가' '에세이스트' '스토리텔러'
'사회운동가' '전시 기획자' '상명대학교 디지털만화영상과 교수'
'우리만화연대 회장' '한국만화영상진흥원 이사' '평화예술행동 두럭
대표', 일하는 예술가 그룹 '샐라티스트 대표' 등등. 일일이
나열하기도 숨 가쁜 이 직함들은 모두 '고경일' 한 사람을
수식하는 각기 다른 이름들이다.
　명함 많은 사람 치고 제대로 된 사람 없다지만 적어도 내가 아는
고경일은 경우가 다르다. 한국인 최초의 일본 만화학과 유학생으로,
교토의 명문 세이카 대학 만화학과 교수를 지내다 한국으로 들어와
대학교에서 후학을 양성해오고 있는 그가 만화 속 캐릭터처럼
자유자재의 모습으로 변신하는 게 무슨 문제란 말인가? 그의 인생이
만화 그 자체인데. 만일 누군가 나에게 만화적 상상력으로 고경일을
사물에 비유하라고 한다면 주저없이 '깔때기'라고 할 것이다.
　일찍 운명을 달리하는 바람에 미처 꽃을 피우지 못하신 아버지의
예술적 재능이 장남인 그를 통해 한꺼번에 쏟아져 나왔으니 말이다.
"풍경화는 진실해야 한다. 진심을 다해서 그리다 보면 그 풍경들이 말을
걸어올 때가 있어."『교토신문』의 삽화가였던 '나카니시' 선생님께서
해주셨다는 그 말씀을 가슴에 간직하고 있었던 탓에 그는 오랫동안
도시의 풍경을 담담하게 그려내거나, 베트남 전쟁의 아픔이 남아 있는
시골마을을 취재해 역사와 인간을 바라보는 시선을 담은 진지한 책들을
내왔다. 그를 아는 나로서는 사실 납득이 잘 안 갔는데 최근에 느닷없이
팝아티스트 지아이코로 변신, "오빠 달려"라는 말이 그림 밖으로
튀어나올 것 같은 재미있는 팝아트를 들고 나왔다. 그렇지. 바로 그거다.
　마지막 페이지에 '다음 편에 계속'이라는 말로 애간장을 태워줘야
만화책이듯, 다음 스토리가 궁금하니까 고경일이다.

시사만화가 박재동

1987년 6·10 항쟁으로 전두환 군사 독재 정권이 막을 내렸지만, 이듬해
또다시 쿠데타의 주역이던 노태우가 바통을 이어받았다. 그때 창간한
『한겨레』의 '한겨레 그림판'을 통해 혜성같이 등장한 시사만화가가
있었으니 그가 바로 한국 시사만화계의 대부 박재동이다. 네 칸짜리
시사만화가 주를 이루고 있던 당시 그는 단칼에 나무를 베듯 단 한
칸으로 승부했다. 시사만화의 문법을 새로 쓴 그의 파격적인 풍자만화는
독재 치하에서 민주주의를 열망하는 독자들에게 커다란 카타르시스를
안겨주었다. 그는 시사만화 외에 다양한 영역에도 두각을 나타냈다.
1994년 출간한 수필집 『만화! 내 사랑』은 후배 만화가들에게서 어린
시절의 만화에 대한 추억과 애정이 가득 담긴 위대한 전설이라는 평을
받았다. 그의 만평을 애니메이션으로 제작한 「정치야 맛 좀 볼텨」는
MBC 「굿모닝 코리아」와 「뉴스데스크」, 그리고 KBS2 「시사터치 코미디
파일」 등을 통해 방송되며 한국 시사만화의 새로운 역사를 남겼다.
한편으로는 예술인 100여 명과 함께 '노무현을 지지하는 문화예술인
모임'을 결성해 활동하는 등 왕성하게 정치 참여를 했고, 『한겨레』의
만평코너를 후배 장봉군 화백에게 물려준 뒤에는 한국예술종합학교에서
후학을 양성했다. 정년 퇴임 후 시사만화계를 떠나 있던 그는 최근
『경기신문』에 '박재동의 손바닥 아트'를 연재하며 역시 '박재동'이란
말을 듣고 있다. 내가 대학교에 입학하던 해 등장한 '박재동'의 뒤를
이어 지금은 나도 시사만화가의 길을 걷고 있다.
우연히 같은 해에 나는 대학생으로, 그는 시사만화가로 첫발을
내디뎠지만 나는 그것이 운명처럼 연결된 것이라고 믿는다.
고단한 시사만화가의 길을 용기 있고, 슬기롭게 헤쳐오신 맏형님
박재동 선생님이 계셔서 든든하다.

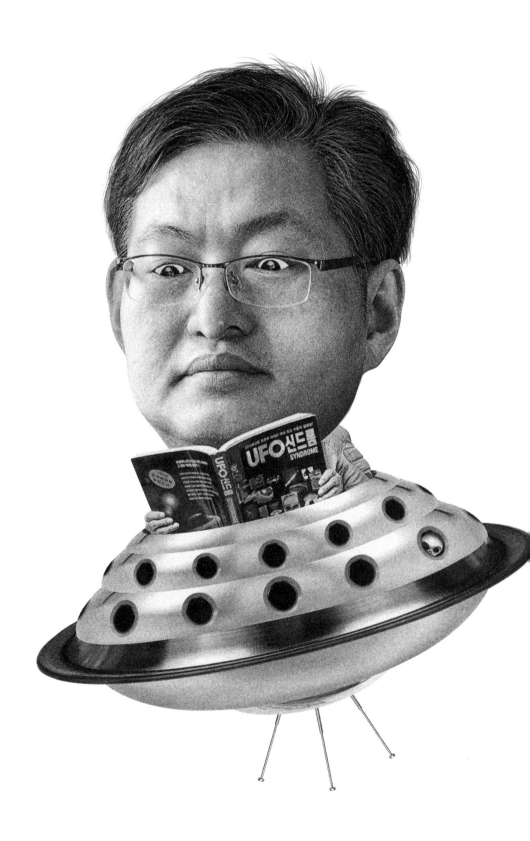

한국UFO연구협회 회장 맹성렬

1997년, 조디 포스터 주연의 영화 「콘택트」가 종로 3가의 서울극장에서
개봉했다. 개봉 첫날 영화를 본 나는, 극장 건너편에 있던 YMCA
옆 건물 3층으로 성큼 걸어 올라가 문을 두드렸다. 그곳은
한국UFO연구협회 사무실이었다. 협회 회원가입을 희망하는 초면의
나를 반갑게 맞아준 분은 허영식 초대회장이었다. 국군 중령으로 예편한
그는 초등학교 3학년 때 직접 UFO를 목격했다고 말했다. 당시 협회가
있었던 그 건물은 현재 사라져서 없고, 협회의 규모 역시 당시에 비교할
수 없을 만큼 축소됐다. 하지만 허 회장의 뒤를 이어 협회의 명맥을
이어오고 있는 사람이 지금부터 소개할 맹성렬 박사다. 어린 시절부터
외계문명과 UFO에 관심이 많았던 나는 그가 1995년에 쓴
『UFO 신드롬』을 읽고 그의 열렬한 팬이 되었다. 당시에는 고고학자
'에리히 폰 데니켄'이 쓴 『신들의 전차』『미래의 수수께끼』 같은 책들이
인기가 있었는데 그 내용이 다소 허무맹랑해서 논란의 여지가 많았다.
하지만 서울대 물리학과를 졸업하고, 영국의 케임브리지 대학에서
공학박사 학위를 취득한 석학 맹성렬 박사가 쓴 『UFO 신드롬』은
과학적이며 신화적인 관점에서 접근한 최고의 UFO 전문 서적으로
그래이엄 핸콕이 쓴 『신의 지문』에 버금가는 역작이었다. 20세기
중반 미국 정부의 UFO 조사기구인 '프로젝트 블루북'에서 활동한
알렌 하이네크 박사를 능가하는 최고의 권위자가 21세기의 한국에
있다는 건 충분히 자랑할 만한 일이다. 2020년 장편 다큐멘터리 「UFO
스케치」(감독 김진욱)에 출연했던 그는 UFO 목격자들의 증언을
취재하던 중 전북 익산의 미륵사 하늘에 뜬 UFO를 보았다.
오랜 세월 UFO를 연구해오면서도 실제로 UFO를 목격한 건 그때가
처음이었다고 했다. 부럽다. 눈을 들어 하늘을 봐야겠다.

정의당 노회찬 의원

Maybe I didn't hold you
All those lonely, lonely times
And I guess I never told you
I'm so happy that you're mine
If I make you feel second best
Girl, I'm so sorry I was blind
You were always on my mind
You were always on my mind

당신이 그토록 외롭고 외로울 때
내가 당신을 감싸주지 못했는지도 몰라요
당신이 있어서 너무 행복했다고
말한 적이 없었던 것 같네요
당신이 뒷전으로 밀려난 것 같은 기분이 들게 했다면
바보처럼 내가 뭘 몰랐던 거예요
당신은 언제나 내 마음속에 있었는데
당신은 언제나 내 마음속에 있었는데

- 엘비스 프레슬리Elvis Presley,
「그대는 언제나 내 마음속에」Always on My Mind

전 서울시장 박원순

당신을 한 번도 만난 적이 없는 저는
당신을 잘 모릅니다.
하지만 당신을 잘 알고 지냈던 사람들에게
당신에 대한 이야기는 참 많이 들었지요.
당신이 얼마나 자상한 사람이었는지.
얼마나 친절한 사람이었는지.
이웃의 마음씨 좋은 아저씨처럼,
도움이 절실할 때 말없이 도와주는
키다리 아저씨처럼.
언제나 그 자리에 있어주어서,
늘 그 자리에 있어줄 거라 생각해서
당신의 소중함을 느끼지 못했는데
지금
당신의 빈자리가 너무 크네요.
얼마나 힘들었기에
말 한마디 없이 떠나셨나요?
얼마나 외로웠을까요?
지켜주지 못해서 미안해요.

잘가요 원순 씨

노무현과 친구들

꽃 피는 봄이 오면
봉하마을에 가겠어요.
아지랭이가 피어오르고
유채꽃이 싱그럽게 물든 들판길로
자전거를 탄 할아버지가
"야아 기분 좋다"
하면서 지나가면
나도 어린 시절로 돌아가
함께 따라 달리겠어요.

꽃 피는 봄이 오는
봉하마을로 가겠어요.
아카시아 향이 온몸을 감싸고
개나리가 노오랗게 물든 언덕길로
자전거를 탄 할아버지가
나를 보고 웃으면
나도 함께 따라 웃으면서
"야아 기분 좋다"
외치면서 달리겠어요.

우리는 형제입니다

한반도의 통일이
곧 세계의 평화.
그 누구의 간섭도 받지 말고,
우리끼리
동포끼리
손 맞잡고
염원을 이루는
그날이여
어서 오라.

카타르시스를 위한 '사이다'

• 추천사

    캐리커처(caricature)란 인물의 성격이나 특징을 두드러지게 하기 위해 과장하여 우스꽝스럽게 묘사한 인물화를 말한다. 1800년대 유럽에서 캐리커처 작품은 해학이나 풍자의 효과를 노리고 종종 신문 시사만화 기법의 한 종류로 취급되어 왔다고 하니 220년이 넘는 역사를 갖고 있는 셈이다. 원래는 16세기 이탈리아에서 시작되었다고 보는 견해가 우세한데, 그리고자 하는 대상을 우스꽝스럽고 희화화한 그림의 기법이나 화풍을 가리켜 사용되었다. 중세에서 근대에 이르기까지 권력을 가진 사람들을 조롱하고 풍자하는 대상으로 삼은 역사를 보면 권력과 인간의 욕망은 언제나 감시의 대상이었다고 할 수 있다.

    대한민국의 역대 라이브 캐리커처의 최고봉은 역시 『한겨레』에 10년간 만평을 그려온 박재동 선생이었다. 느긋하고 천천히 상대방의 특징을 잡아 익살스럽게 과장하면서도 선에 서글서글하고 인간미가 담겨져 있는 캐리커처! 나도 대학에서 캐리커처를 가르치지만 박재동 선생과의 라이브 캐리커처에 나가게 될 때면, 나도 모르게 언제나 긴장이 되었다. 오죽하면, 많은 만화가들이 박재동 선생과 동시대에 태어났다는 이유만으로도 망했다고 했을까! 실제로 박재동 선생의 만화는 1980년대 말『한겨레』가 창간된 이래 1990년대와 2000년대에 이르기까지 권력을 향한 촌철살인의 무기를 번득이며 시민들의 뜻을 대변해왔다. 비판의 펜 끝은 권력자들의 날선 검보다 날카롭고 매서웠다. 힘없는 시민들은 정치권력과 경제권력, 사법권력에 통쾌한 한 방을 대신 날려주는 박재동 선생을 열렬히 지지하고 응원했다.

    내가 본 작가 중에 캐리커처를 아주 잘하는 사람으로는 일본 빅코믹 등 거대한 출판사의 잡지표지를 41년간이나 그려온 히구라시 슈이치(日

暮修一) 선생이 있다. 선생이 표지용 캐리커처를 그린 것은 1970년 10월 25일부터다. 수채화와 색연필, 마커 등이 혼합된 재료를 독자적인 터치로 그려내는 유명인들의 얼굴은 많은 사람의 감탄을 자아내기에 충분했다. 서구 미술계가 오랫동안 추구해온 극사실주의적 화풍과 만화적인 등신비와 유머러스한 포즈를 그려낸 히구라시 선생의 작품은 일본인들에게 자부심을 갖게 하기에 충분했다. 문제는 거기까지였다. 히구라시 선생의 작품은 철저하게 '일본식'이었고, '일본스러운' 작품세계를 견지할 뿐, 우리가 마주해야 할 지독한 현실과 본질을 그리지 않았다. 인물을 똑같이 닮게 그려서 감탄을 자아낼 뿐, 일본 사회를 장악하고 있는 정치권력, 경제권력, 언론권력에 대한 비판이나 풍자를 담아내지 않았다.

이제 한국에서는 『아트만두의 목표는 방구防口다』라는 제목으로 걸출한 캐리커처 작가의 탄생을 알린다. 아트만두라는 필명을 쓰는 최재용 작가는 화려하면서도 절제된 선과 색, 대상의 특징을 잡아내는 박재동 선생의 탁월한 이미지 포착 능력과 함께 히구라시 선생의 놀라운 극사실주의 기법을 능가하는 캐리커처 작가다. 그가 세상에 첫 작품집을 내놓는다.

아트만두의 작품을 분석해보면 첫째, 노답과 미해결이 없다. 히구라시 선생처럼 애매한 포지션으로 보는 사람들에게 테크닉의 탁월함만 보여주지 않는다. 아트만두의 작품은 한 장의 화면에 담겨진 작품 안에 정확하게 안타고니스트*나 프로타고니스트**가 그려져 있고 그림을 자세히 살펴보면 풍자의 대상이 된 안타고니스트가 무엇을 해야 하는지 어떻게 해야 하는지가 담겨져 있다. 심지어 통쾌하게 시민들의 꽉 막힌 체증을 한 번에 쑥 내려가게 하는 은근한 복수와 응징이 있다.

둘째, 아트만두의 작품에는 만용과 아집이 없다. 화려한 테크닉으로 그

---

* 안타고니스트(antagonist): 작품 속에서 주인공에게 대립적이거나 적대적인 관계를 맺는 인물.
** 프로타고니스트(protagonist): 고대 그리스 연극의 주연 배우. 현재는 연극이나 소설 따위의 중심인물을 뜻한다.

리고자 하는 대상의 특징을 리얼하게 담아내고, 자신만의 독특한 화법으로 독자들이 원하는 풍자를 미묘하게 담고 있으면서도 시민들의 뜻, 즉 '민의'를 거스르지 않는다. 방송이나 신문매체에 실리다 보면 작가 스스로가 위대해져서 권력자들의 모습을 보이는 작가가 있고 오히려 권력자의 편에서 나팔수를 하는 경우도 있지만, 아트만두에게는 그런 시각이 없다. 안타고니스트에 대해서는 누구라도 타협 없이 무관용으로 풍자의 도마에 올려놓는다.

셋째, 작품에 극심한 비난이나 혐오가 없다. 자신의 가족들이 사기치고, 세금 포탈하고, 거짓해명을 하는 상황임에도 대통령의 꿈을 접지 않는 미련한 어느 대통령 후보의 캐리커처를 자세히 들여다보라. 눈과 입꼬리, 행동과 앉는 자세와 걸음걸이에서 독자들에게 "이 사람이 안타고니스트요!" "내가 나쁜 놈이오!"라는 메시지를 전달한다. 미묘하게 그리는 대상에 대한 평가를 자제하면서도 중요한 핵심은 그대로 담고 있다. 아트만두는 비난이나 혐오를 수용하지 않는다. 은근히 스며들 듯이 위트와 유머를 담아 권력자들을 풍자한다. 그것도 살아 있는 권력자들만.

모 일간지 만평 작가는 아집과 오만에 빠져 안타고니스트와 프로타고니스트를 구별 못 하고 자기 자신이 빌런 역할을 하고 있는 작가가 있는가 하면, 거대 신문사들이 풍자만화가나 시사만화가들을 신문사에서 배제시키면서 우리나라의 시사만화계는 암흑의 시기라고 해도 과언이 아니다. 누구는 정치과잉의 시대에 소외된 이웃과 낮은 곳의 소시민들을 보살피는 만화가 필요하다고 하지만, 모르는 말씀이다. 인간이 세상을 이루고 함께 살아가는 공동체가 깨지지 않는 한 우리 안의 안타고니스트와 프로타고니스트는 쉽게 사라지지 않는다. 인간에게는 태생적인 욕망이 있기 때문에 그 욕망을 위해서 평생을 달리는 우리 세상에서 정치권력, 경제권력, 언론권력은 욕망의 마차와 같다. 대통령 한 명이 바뀌고 전직 대통령들이 감옥에 들어가 법의 심판을 받는다고 해서, 시민들의 삶이 더 나아지지 않는다. 한류 열풍으로 K-POP, K-TOON 등이 전 세계로 수출된다고 해서 권력을 쥐고 있는 부르주아지들이 하루아침에 권력을 내려놓고 자신의 재산을 나눠주지 않는다. 그들은 지금도 자식들에게 자신의 부를 고스란히 넘겨주고 대대손손 잘 먹고 잘 사는 나라만 꿈꾸고 있다. 현실이 이렇다 보니 우리들은 알게 모르게 '사이다'를 꿈꾼다.

정의가 실현될 줄 알았는데, 아직도 한국 사회의 정의는 왜곡되었고, 빌런이 정의의 가면을 쓰고 평범하며 일상적인 얼굴을 하고 있다. 악의 일상성과 평범성은 대대손손 가면을 바꿔가며 진행되기 때문에 고리를 끊는 것은 결코 쉬운 일이 아니다.

꽉 막힌 고구마 시대를 살아가는 우리에게 시원한 사이다를 제공해주는 작가 '아트만두'와 공간과 시간을 공유한다는 것은 '큰 행복'이다. 그렇다고 아트만두에게 늘 사이다만 원해서는 안 된다. 세상에 고구마가 있으니 사이다가 필요한 법이다. 사이다만 찾는 독자들에게 끌려 다니지 말고 우리 사회의 갈등이 무엇인지, 시민들이 기대하는 것이 무엇인지를 간파하기 바란다. 결국 우리는 모든 갈등이 속 시원하게 풀리는 사이다를 원하면서도 제일 중요한 건 현실 정치에서의 카타르시스다.

촌철살인의 날카로움과 함께 권력자들을 매섭고 날카롭게 그려내는 아트만두의 작품이 만화를 위한 만화, 풍자를 위한 풍자가 아닌 카타르시스를 위한 사이다가 되길 갈망한다.

2022년 1월 1일
내 상상의 보물창고 부천 작업실에서
고경일 상명대학교 교수·풍자만화가

아트만두

어린 시절부터 만화 그리기에 소질이 있었다. 홍익대학교 미술대학 판화과에
입학했고, 졸업 후 화실 선배의 적극적인 권유로 YTN에 지원해 공채 4기로
그래픽팀에 입사했다. 하지만 회사원보다는 작가라는 말을 듣고 싶어
매년 전시에 참여하며 '회사원'과 '예술가'라는 두 정체성으로 살다가
2011년 '월급쟁이'(Saleried man)와 '예술가'(Artist)를 합한
'샐라티스트'(SalArtist)라는 용어를 만들었다.
'직장인에게는 예술을, 예술가에게는 직업을'이라는 슬로건으로
협회를 조직해 다양한 분야에서 일하는 예술가들과 함께
12년째 샐라티스트 전시를 열어오고 있다.
오랫동안 작가로서 무명 신세를 면치 못하다가 얼떨결에
'시사 캐리커처' 작가가 되었다.
잠시 『딴지일보』의 만평코너를 거쳐 YTN 저녁 종합뉴스 프로그램
「뉴스Q」를 통해 시사 캐리커처 작가로 공식 데뷔했고,
현재 매주 금요일 밤 11시에 방송되는 YTN 시사토크 「알고리줌」에
고정적으로 작품을 내보내고 있다. '전국시사만화협회' 부회장에
선출됐지만 특별히 한 일이 없다. 오로지 COVID-19 탓이다.
모든 시사 캐리커처는 페이스북 계정
(https://www.facebook.com/salartist)에 업로드되고 있다.

글·캐리커처 아트만두
펴낸이 김언호

펴낸곳 (주)도서출판 한길사
등록 1976년 12월 24일 제74호
주소 10881 경기도 파주시 광인사길 37
홈페이지 www.hangilsa.co.kr
전자우편 hangilsa@hangilsa.co.kr
전화 031-955-2000 팩스 031-955-2005

부사장 박관순 총괄이사 김서영 관리이사 곽명호
영업이사 이경호 경영이사 김관영 편집주간 백은숙
편집 박희진 노유연 김지수 최현경 김영길
관리 이주환 문주상 이희문 원선아 이진아 마케팅 정아린
디자인 창포 031-955-2097
인쇄 예림 제본 경일제책사

제1판 제1쇄 2022년 1월 11일

값 22,000원
ISBN 978-89-356-6888-5 03300

• 이 도서는 한국만화영상진흥원 [2021 다양성만화 제작 지원] 사업에서 지원받아 제작했습니다.